Christoph Jakob Mellin

Der Kinderarzt

Christoph Jakob Mellin

Der Kinderarzt

ISBN/EAN: 9783743364950

Hergestellt in Europa, USA, Kanada, Australien, Japan

Cover: Foto ©ninafisch / pixelio.de

Manufactured and distributed by brebook publishing software (www.brebook.com)

Christoph Jakob Mellin

Der Kinderarzt

Der Kinderarzt.

Von

Christoph Jakob Mellin,

der Arzneygelahrtheit Doktor,

Der Kaiserlichen Akademie der Naturforscher, der Kuhr Pfalzbaierschen der Wissenschaften, und der Herzogl. Sächsischen Lateinischen Gesellschaft zu Jena Mitglied, und Physikus der R. St. Kempten.

Die Kinder werden auf einerlei Art gebohren, sterben aber sehr verschieden, und wie überhaupt ihr Tod mancherlei Ursachen hat, so ist auch insbesondere ihr Leben vielerlei Zufällen und Abwechselungen unterworffen.

Uebersetz. aus dem Seneka.

Kempten 1781.

Vorbericht.

In diesem Buch findet man eine Anleitung, Kinder in gesunden und kranken Tagen gehörig zu behandlen. Der erste Theil enthält die Lebensordnung, zwar kurz, aber wie ich hoffe nicht unvollständig, und so wie die Erfahrung bewiesen, anwendbar.

In dem zweiten Theile sind die Krankheiten, ihre Zufälle, Zeichen und Heilart abgehandelt. Sie folgen auf einander in der Ordnung in welcher sie nach und nach erscheinen; einige verwandte, und die epidemischen, welche sich an keine Zeit binden, ausgenommen. Es sind die vorzüglichsten, welche den Kindern eigen sind, angezeiget, diejenigen aber, welche selten, und mehr bei Erwachsenen vorkommen, z.B. die Gicht, Wasser- und Schwindsucht, besondere Blutflüsse ꝛc. weggelassen worden.

Vorbericht.

Man hatte ehedem das unglückliche Vorurtheil, „man könne mit den Kindern nicht viel anfangen„, und es erhielte sich auch hier, durch unschickliche Arztneimittel lange im Ansehen; endlich aber wurde es durch Erfahrungen wiederlegt und ausgerottet; und diejenige welche ehemals es nicht möglich glaubten ihren Kindern etwas beizubringen, wissen jetzo mit manchen inn und äuserlichen Mitteln recht gut umzugehen. Ich habe die welche ich als die besten kenne am Ende angegeben und die in dem Texte stehende N. beziehen sich darauf. Sie sind fast alle den Kindern leicht beizubringen, wenn man die Vorsicht gebraucht sie es nicht vorher wissen zu lassen, daß man ihnen Arztnei geben will.

Da bei der Behandlung eines kranken Kindes, auf die Zeichen, welche die Zufälle an die Hand geben sehr viel ankommt, so muß man sich mit denselben gut bekannt machen, und so bald man nicht recht fortkommt, bei dem Arzte, und in äuserlichen Fällen bei dem Wundarzte Hilfe suchen. Um aber sich selbst und dem Arzte die Untersuchung zu erleichtern, ist es nöthig folgende Fragen beantworten zu können.

1. Wie

Vorbericht

1. Wie viel Tage, Wochen ꝛc. ist das Kind alt?
2. Trinkt es an der Mutter oder Amme? oder was trinkt es?
3. Trinkt es häufig?
4. Ist es sonst gesund gewesen? wie lang nun krank?
5. Hat es Appetit oder Erbrechen? Unreine Zunge?
6. Wie ist sein Stulgang beschaffen?
7. Schläft es ruhig?
8. Wie viel Zähne hat es? Macht ihr Ausbruch es unruhig?
9. Hat es keinen dicken harten Leib oder Bauch?
10. Wie ist das Odemholen beschaffen?
11. Hat es Blattern, Masern ꝛc. gehabt?
12. Gehen Würmer ab?

Daß ich bei der Ausarbeitung dieser Schrift, meine eigene Erfahrungen, und die Beobachtungen anderer benutzet habe, wird ein Jeder glauben. Die Anführung der Schriftsteller habe ich vorsätzlich vermieden, weil diese Bogen Ungelehrten bestimmt sind, und den Gelehrten, welche sie in die Hände bekommen, ein Armstrong, Brouzet, Camper, Harris, Frank, Fothergill, Johnston, Ludwig, Levret, Michaelis, Whytt, Stöller, Richter, Unzer, Zuckert, Rosenstein, Storch, Raulin, u. s. w. bekannt sind.

Uebrigens wünsche ich daß diese Bogen, zu der den Aeltern und dem Staate so wichtigen Erhaltung der Kinder, viel beitragen mögen.

Kempten im September
1781.

Mellin.

Inhalt.

Erster Theil.
Von der Lebensordnung der Kinder.

Erster Abschnitt
Lebensordnung der Säuglingen.

Kapitel	Seite
I. Die Behandlung des Neugebohrnen.	3
II. Das Selbstsaugen	8
III. Von den Ammen	11
IV. Vorschläge Kinder ohne Brust aufzuziehen. Lebensordnung der Kleinen.	14
V. Das Entwöhnen.	26

Zweiter Abschnitt.
Lebensordnung der entwöhnten und ältern Kinder.

I. Von der Luft oder Atmosphäre.	27
II. Die Kleidung.	28
III. Die Nahrungsmittel.	30
IV. Die Bewegung und Ruhe.	34
V. Vom Schlafen.	35
VI. Von der Reinlichkeit.	36
VII. Die moralische Erziehung.	38

Zweiter Theil.
Von den Krankheiten der Kinder.

I. Schwachheit der Neugebohrnen. Scheinbar Todte.	45

II. Quet-

Inhalt

Kapitel.	Seite
II. Quetschungen am Kopfe. Verschobener Kopf. Offene Hirnschaale.	48
III. Der Wasserkopf. Gespaltener Rückgrat. Das Blattschießen.	50
IV. Die Mutter- und Feuermähler.	56
V. Die Hasenscharten.	57
VI. Hindernisse des Saugens.	58
VII. Verwachsungen des Afters, der Harnröhre ꝛc.	60
VIII. Von den Brüchen.	62
IX. Der Erbkot, oder das Mutterpech.	66
X. Von der Verstopfung	67
XI. Von dem Erbrechen.	68
XII. Die innerlichen Gichter.	72
XIII. Der Kinnbackenkrampf.	77
XIV. Zuckungen oder Gichter. Fallende Sucht.	79
XV. Die Gelbsucht.	85
XVI. Von dem Durchfall.	88
XVII. Vorfall des Mastdarms.	92
XVIII. Das Bluten aus der Nabelschnur. Entzündung und Geschwür des Nabels	93
XIX. Die Geschwüre der Brustwarzen.	95
XX. Verschiedene Augenkrankheiten.	95
XXI. Die Ausschläge.	99
XXII. Die Schwämmgen, der Voß oder Soor.	119
XXIII. Das Zahnen.	123
XXIV. Die Mundfäule, der Wasserkrebs. Der Kinderbrand.	131
XXV. Die Dörrsucht, Auszehrung. Mitesser.	134
XXVI. Die englische Krankheit oder der Zweiwuchs.	139
XXVII. Von den Würmern.	148
XXVIII. Der Windborn, Beinfraß.	156
XXIX. Die Strofeln. Der Kropf.	159

XXX.

Inhalt.

Kapitel.	Seite.
XXX. Fehler bei dem Urinlassen.	166
XXXI. Der Brusthusten. Der Steckfluß.	173
XXXII. Der Magenhusten.	176
XXXIII. Von dem Keichhusten.	178
XXXIV. Die kalten oder Wechselfieber.	183
XXXV. Der böse Hals. Die Bräune.	186
XXXVI. Die häutigte. Die brandigte Bräune.	190
XXXVII. Das Scharlachfieber.	196
XXXVIII. Die Blattern. Inoculation derselben.	206
XXXIX. Die Masern. Einimpfung derselben.	228
XXXX. Die Blutschwären.	237
XXXXI. Die Warzen.	238
XXXXII. Von dem Nasenbluten.	240

Zwei-

Erster Theil.
Von der Lebensordnung
der
Kinder.

Erster Abschnitt.
Lebensordnung der Säuglingen.

I. Kapitel.
Die Behandlung des Neugebohrnen.

Der neue Weltbürger giebt bey seiner Ankunft auf die Welt, durch eine freie Bewegung seiner Glieder, die Oefnung der Augen u. s. w. Zeichen seines Lebens von sich, er lebt aber nicht für sich allein, sondern noch durch die Nabelschnure mit der Mutter vereiniget. Um also sein eigenes Leben leben zu können, erfodert er den ersten Beistand, welchen man ihm notwendig zu diesem Zwecke leisten muß: und dieser bestehet darinn daß man die Nabelschnure unterbinde und ablöse, und dadurch ihn von der Mutter trenne. Es geschiehet das Unterbinden mit einem schmalen Bändgen, oder 4. bis 6. fach zusammengelegten, und an der untern Seite gewichsten Faden, ohngefehr 6. Daumen breit von dem Bauche des Kindes an; 3. Daumen breit über diesem Ort wird die Nabelschnure entzwei geschnitten, und dieses Stück wieder an die erste Unterbindung fest gemacht, damit keine Verblutung entstehen kann. Es ist allemal rathsam, ja nötig, daß man durch ein gelindes Strei-

Streichen, aus dem Theile der Nabelschnure, der zwischen dem Bauche des Kindes und dem Ort wo man den Faden anlegen will, ist, das Blut ausdrücke, und ein bis 2. Löffel voll auslauffen lasse. Dieses Verfahren ist wichtig, weil, wie die Erfahrung bewiesen, verschiedene Kinderkrankheiten dadurch können verhütet werden, ob sich gleich diejenigen nicht bestätigt haben, welche die Verhütung oder wenigstens Gutartigkeit der Blattern, durch dieses Mittel erzielet haben wollten. Es ist fehlerhaft wenn die Hebamme das Gegentheil thut, und dem Kinde das Blut zurücke in Körper streicht. So verfährt man mit einem gesunden Kinde. In dem zweiten Theile werde ich die Behandlungsart eines schwachen, todtscheinenden ꝛc. anzeigen.

Wenn das Kind gelöset worden, so bringt man es, um seinen Körper von den Unreinigkeiten mit welchen er überzogen ist, zu reinigen, in ein lauwarmes Wasserbad, und wascht den ganzen Körper mit einem Schwamm ab. Der Kopf des Kindes muß ausser dem Wasser auf einem Kissen ruhen. Die Unreinigkeiten werden behutsam abgewaschen, und falls das blosse Wasser nicht hinlänglich, so kann auch ein wenig Seife dazu genommen werden; aber das Gesichte und die Augen muß man allein mit lauwarmen Wasser, oder mit beigemischter Milch auswaschen, und die Fontanelle, oder den Ort auf dem Kopf wo man fühlen kann, daß die Knochen noch nicht mit einander vereiniget sind, darf man nicht berühren. Schwächlichen

lichen Kindern kan etwas Wein unter das Badwasser erlaubt werden.

In dem Bade wird die Besichtigung des Körpers des Kindes vorgenommen. Aufmerksamkeit ist dabei vorzüglich zu empfelen. Man untersuche einen Theil nach dem andern genau, ob er natürlich und gesund beschaffen oder nicht, und im letztern Falle suche man so gleich Hilfe. In dem zweiten Theile werde ich von den Fehlern und Krankheiten, die die Kinder mit auf die Welt bringen handlen, und ihre Heilart angeben.

Nach dem Bade wird das Kind gewindelt. Es wäre zu wünschen, doch nur Wünsche gelten in diesen, und andern Fällen, daß man — es gar nicht einwindelte. Doch vielleicht ist es zu weit gegangen. Wir wollen also lieber einige Regeln uns bekannt machen, durch deren Anwendung, die Windeln so wenig als möglich schädlich werden können.

Man lege die Windeln niemal zu feste an; und insbesondere über die Brust und die Gegend des Magens. Denn im ersten Fall wird nicht nur das freie Odemholen gehindert, sondern auch der Grund zu einer engen kleinen Brust gelegt, und aus diesem Fehler können viele andere entstehen: in dem andern aber erfolgen Unruhe, Schlaflosigkeit, Schluchsen, Erbrechen u. s. w. und die von den Windeln wiedernatürlich eingepreßte Eingeweide und Gedärme, werden in ihren Wirkungen gestört, und folglich muß die Gesundheit bald Noth leiden, und eine grosse Anzahl Krankheiten daraus entspringen.

Die obern Theile können nach einigen Tagen frei gelassen werden, aber die Nabelbinde müssen Kinder die viel und stark schreien sehr lange tragen. Es ist bekannt, daß bey dem ersten Wickeln, die Hebamme das Stück der Nabelschnure an dem Nabel, in Leinwand hüllet und gegen die Brust zu legt; darüber kommt ein Leinwandbäuschlein und oben drüber noch, eine 4. Finger breite Nabelbinde, welche um den Leib des Kindes gerade über den Nabel gebunden wird. Gewiß ist es daß dieser Verband die Kinder vor Nabelbrüchen verwahren kann; ob aber die Nabelschnure nicht auch ohne ihn abfallen könnten, dieses wäre eine andere Frage, und ich glaube man könnte sie mit einem Ja beantworten. Lassen wir aber den guten Leuten ihren Willen; sie mögen auch von Zeit zu Zeit nachsehen ob nicht etwa Blut ausgeflossen? Ob kein neuer Verband nötig, oder der alte mehr zu befestigen? u. s. w. Nur wollen wir sie erinnern, ja nicht an der Nabelschnure zuziehen, damit nicht Fehler daraus entstehen deren in der Folge Meldung geschehen soll.

Auch werden sie, denen das Windelgeschäffte überlassen ist, sehr wol thun, wenn sie die Windeln ja nie zu kalt noch zu warm anlegen, wenn sie nach zu sehen belieben wollen, daß sie an keinem Theile des Körpers weder durch ihre Steifigkeit, noch Knoten
oder

oder Knöpfe drucken; und wenn sie endlich zu ihrer Befestigung keine Nadeln sondern Bänder gebrauchen.

Bei dem Windeln kommen auch noch die Füsse in Betrachtung. Auch diese müssen so locker als möglich gebunden werden, so daß das Kind vollkommen Freyheit hat seine Knien zu biegen; übrigens müssen die Füsse nicht ganz nahe an einander kommen.

Mit dem Kopf des Kindes giebt es bey dem Windeln noch eine eigene Beschäftigung. Manche nehmen ein feines vierfach zusammen gelegtes Läpplein, legen es auf das Blättlein oder Fontanelle und oben drüber die Haube. Andere glauben durch ein auf des Kindes Kopf gelegtes Kißgen die Fontanelle warm zu halten. Und ich glaube, man sollte innen an der Müze oder Haube, an der Stelle welche das Blättlein bedeckt, eine hinlängliche Menge feine Baumwolle annehen; diese wird erwärmen, und doch nicht drücken. Auch lobe ich solche Müzen, bei welchen die Ohren frei und nicht angepreßt sind: denn diejenigen Leute welche etwas abstehende Ohren haben, sollen besser hören als andere.

In Ansehung der Reinlichkeit ist noch zu bemerken, daß man die Kinder so oft sie ihre Windeln verunreiniget haben, sogleich aufwindeln, sie reinige und in neue ganz trockne lege. Sehr gut und gesund wäre es auch, wenn die Windeln in der Kinderstube weder gewaschen noch getrücknet würden.

Noch eine kleine Zugabe zum Windeln. Unter jeden Arm zwischen die Schenkel, hinter die Ohren, unter dem Hals, und endlich auch zwischen die Arsbacken, wird alle Tage, so oft das Kind gewaschen oder gebadet wird, ein wenig Baumwolle oder ausgezupfte feine Leinwandfasern eingelegt. So gering dieses Mittel ist, so vortheilhaft ist dessen Gebrauch, in dem es die Kinder vor dem Frattwerden sicher verwahret. Ich zweifle nicht an dem guten Erfolg, weil ich Erfahrungen vor mir habe; und ich hoffe jede Mutter werde ihren Kindern diese kleine Wohlthat gern erweisen.

Was die Abführung des ersten Unrats, Erblots oder Mutterpechs betrift, welche die Hebammen durch verschiedene Mittel erzielen, so werde ich die beste Art von den künstlichen, in dem zweiten Theile lehren. Das vortreflichste und alle künstlichen weit übersteigende Mittel, ist die Muttermilch.

Und nun komme ich auf die wichtige Lehre von dem Säugen oder Stillen.

II. Kapitel.
Das Selbstsäugen.

Vor einigen Wochen erzählte einer meiner Freunde, daß Fr. N. eine gesunde, junge, artige Frau ihr Kind selbst säuge; und setzte sehr vergnügt hin-

hinzu, sie will ganz Mutter seyn. — Welche zärtliche Mutter, die die stärksten Triebe der Liebe gegen ihr holdes Pfand empfindet, folgt nicht gern einem so gutem Beispiele? Nicht umsonst bauete der weise Schöpfer den weiblichen Körper so, wie er ihn schuf. Und welche Mutter sollte wol nicht wissen, daß die Milch die in ihren Brüsten bereitet wird, zur Nahrung ihrer Kinder diene. Sie ist es auch, ja sie ist die angenehmste Nahrung, in dem sie mit dem Alter des Kindes immer in einem genauen Verhältniß bleibt, welches weder von der Ammenmilch, noch von andern Nahrungsmitteln so gut zu erwarten ist. Noch mehr, die zärtlichen Bande der Liebe zwischen Mutter und Kind, werden durch das Selbstsäugen immer stärker vereiniget. Ja wenn eine Mutter für ihr eigenes und ihres Kindes Leben und Gesundheit sorgen will, so wird sie, wann sie kann, diese Pflicht, diese liebe Pflicht mit Freuden suchen zu erfüllen.

Nach einigen Erholungsstunden legt sie ihr Kind an ihre Brust, und giebt ihm die erste Milch, die die beste Arztnei ist seinen Körper von dem Erbkot oder Mutterpech zu reinigen; Auch dieses ist eine schuldige Wolthat für das Kind! Bald lernt die zärtliche Mutter ihrem Kind ab wie viel Nahrung es nötig, und giebt ihm daher lieber wenig auf einmal, aber nach und nach öfter, und wechselsweise aus jeder Brust zu trinken. Sie läßt es die ersten 2. bis 3. Monate blos von der Brust leben, und sucht es an gewisse Zeit und Ordnung, in Ansehung des Trinkens und Schlafs, zu gewöhnen, und diesen niemal zu stören. Bald wird sie auch durch eine kleine Aufmerksamkeit, die man einer sorgfältigen Mutter nicht einmal empfelen darf, aus der Erfahrung lernen, daß nicht ein jedes Schreien des Kindes ein Zeichen seines Hungers; wol aber wird sie denselben entdecken, wenn das Kind an seinem eigenen oder ihren Finger saugt, wenn sein Mund voll Wasser ist, wenn es mit Sehnsucht nach ihr sich umsieht, wenn es weinend nach der Brust greift, und mit Lächeln der entblößten Brust gleichsam zudringt, begierig die Warze nimmt, und mit beeden Händen seinen Nahrungssaft gleichsam auszudrücken sich bemühet. — Welche Wonne für eine zärtliche Mutter!

Noch einige Regeln für die Säugende. Sie reicht ohngefehr alle 4 – 5. Stunden dem Kind die Brust, und zwar so, daß sie es jedes mal einige Stunden nach dem Essen anlegt. Hat sie lang gefastet, oder Schrecken und Aergernis gehabt, so muß das Kind nicht zu trinken bekommen, weil eine solche Milch gefährliche Zufälle ja selbst den Tod verursachen kann. Im ersten Fall wird sie sich mit Nahrungsmitteln helfen; im andern aber die Milch ausmelken und so lange warten, bis sie sich erhohohlet und wieder gute Milch hat. Sollte indessen das Kind doch Nahrung nöthig haben, so würde man ihm Wasser und Milch oder Schotten oder Molken N. 1. geben können. Ist das Kind krank und die Mutter bekommt deswegen Arzneien, so muß sie bald darauf das Kind anlegen. Nie reiche man einem Kind wenn es in der Wiege oder Bette

liegt

liegt die Brust, sondern hebe es heraus, um sich und dem Kinde das Säugen zu erleichtern. Sobald es gesättiget ist, bringe man es wieder an seinen Ort, denn im Bette es bei sich zu haben ist nicht rathsam, weil traurige Erfahrungen schon oft gelehrt haben, daß Kinder im Schlafe erdrückt worden. Dieses sind die Maaßregeln, welche eine Mutter zu beobachten hat, die ihr Kind selbst säuget.

Da aber nicht jede Mutter ihre Mutterpflicht erfüllen kann; da einige wegen Mangel der Milch, Fehlern an den Brüsten und Warzen ꝛc., noch andere wegen kränklichen Umständen, und endlich auch denen dem Kinde gewiß sehr nachtheiligen und gefährlichen Leidenschaften, Zorn, Schrecken ꝛc. am Selbstsäugen verhindert werden, so ist es nötig eine Amme zu halten, oder das Kind ohne Brust aufzuziehen.

III. Kapitel.
Von den Ammen.

Es ist gewiß nicht gleichgültig welche Amme man annimmt: ich will also die Regeln anzeigen, nach welchen man sich zu richten, wenn man eine Amme wählet.

1. Eine zur Amme schickliche Person, muß sich zwischen dem zwanzigsten und dreißigsten Jahre befinden.

2. We-

2. Wenigstens 7. Wochen aber nicht früher als 3. Monate, vor der Mutter entbunden worden seyn, und ein gesundes munteres Kind haben.

3. Ihr Körper soll gesund und stark, und ihre Leibesbeschaffenheit derjenigen ähnlich seyn, die die Mutter des Kindes hat.

4. Ist sie hingegen mit Ausschlägen, Krätzen, Flechten, dem weissen Fluß ꝛc. behaftet, oder zu heftigen Leidenschaften, Gichtern, Fallsucht ꝛc. geneigt, so taugt sie nicht.

5. Empfiehlet sie sich durch Mäßigkeit, Bescheidenheit, Reinlichkeit und Wachsamkeit. Sie darf nicht verliebt, aber auch nicht melancholisch seyn.

6. Ihre Brüste müssen gesund, nicht schlapp sondern fest anzufühlen, nicht mit Blättergen, Narben oder Knoten verunstaltet, sondern ganz rein, mittelmäßig groß, nicht hart sondern weich, und beede zum Stillen tauglich seyn.

7. Warzen die gehörig groß und erhaben sind, sind ein gutes Zeichen.

8. Ob eine Amme hinlänglich Milch habe, kann man erfahren, wenn man sie ausmelken läßt, und erwartet wie viele Stunden erfordert werden, bis sie wieder voll einlaufen; geschiehet es in 4. längstens 6. Stunden, so ist es gut.

9. Die

9. Die Milch selbst darf keinen Geruch haben. Ihr Geschmack ist natürlich süß, folglich schlimm wenn sie salzig, oder bitter schmeckt. Sie darf auch weder zu dick noch zu dünne seyn. Die Probe kan man machen wenn man sie mit Essig gerinnen läßt: giebt sie wenig Käße so kann man von ihrer Güte überzeugt seyn. Die Farbe der Milch erkennt man am besten, wenn man sie dem Wasser zugiesset, und sie ist gut, wenn sie mit dem Wasser eine ganze Wolke macht.

10. Wenn übrigens eine Amme braune oder schwarze Haare, gute Augen, gesunde Zähne, und eine reine deutliche Aussprache hat, so ist sie, bei den übrigen zugleich vorhandenen guten Eigenschaften, desto besser zu empfehlen.

Ehe man der Amme das Kind übergiebt, wird es vorher von dem Erbkot befreit, und erhält erst nach einigen Tagen die Ammenmilch; in der Zwischenzeit Wasser mit Milch, oder Molken N. 1. Die Amme selbst muß sich einer gehörigen Lebensordnung unterwerffen, die aber von derjenigen Lebensart die sie vorher gewohnt war, nicht sehr unterschieden seyn darf. Man lasse sie in einer reinen und gesunden Luft leben; gebe ihr leichte und solche Speisen, die eine dem Alter des Kindes angemessene Milch geben, nie zu viel Fleisch, keine scharfe, geräucherte, gesalzene auch nicht viel saure Speisen, keinen Brandwein, geistige Getränke, Chokolade ꝛc. äuserst selten Wein und Kaffee. Eine mäßige Bewegung, bei welcher sie sich aber vor Erhitzung und Erkältung in Acht zu nehmen, und insbesondere ihre Brust wol zu bedecken hat, und die nächtliche Ruhe, ist sehr gut. Die Leidenschaften muß eine Amme suchen zu mäßigen; wenn sie krank wird so übergiebt man das Kind einer andern, oder entwöhnt es. Uebrigens sind die der Säugenden im vorigen Kapitel vorgeschlagenen Regeln, auch von der Amme zu beobachten.

IV. Kapitel.
Vorschläge Kinder ohne Brust aufzuziehen.
Lebensordnung der Kleinen.

Es ist hier sehr gewöhnlich Kinder ohne Muttermilch aufzuziehen. Man schlägt verschiedene Wege hierzu ein: ich kann aber nur denjenigen billigen, welchen die Erfahrung als den besten und vortheilhaftesten angiebt. Ihn richtig zu wandlen lehren folgende Rathschläge.

In den ersten Tagen lebt das Kind allein von Schotten oder Molken N. 1. Dieses Nahrungsmittel, welches zugleich Arznei, ist den Verdauungskräften des Kindes so angemessen, daß man kein besseres wünschen kann: und zuverlässig ist es auch weit nahrhafter als Thee mit Milch, als das Engelsüß und Aniswässerlein, den Aufguß von den Kinderspezies nicht zu vergessen, und endlich als der Kaffeesaz, welchen einige mit Milch aufkochen, und den Kindern zu trinken geben. Dieses leztere Getränke ist verwerflicher als alle übrigen, weil es so leicht

leicht gerinnt, und gewiß eine Reihe von schlimmen Folgen hinterläßt. Möchten doch die Müttern nur eine kleine Aufmerksamkeit darauf verwenden, so würden sie bald einsehen, daß diejenigen denen man immer das Kaffeegetränk giebt, sich weit öfter erbrechen, viel unruhiger sind, mehr Verstopfung leiden ꝛc., als andere Kinder. Immer habe ich gesehen daß sich die Kinder welche Schotten trinken, besser befinden als die übrigen. Es ist aber nötig daß man den Schotten, jedesmal Morgens und Abends, frisch zubereite. Wolte das Kind ihn auf keine Art trinken, so müßte man Wasser mit Milch vermischt versuchen.

Es wäre sehr gut, wenn man die Kinder gleich von Anfang gewöhnte, mit einem Löffel die Nahrungsmittel zu empfangen. Denn ich bin nur allzu sehr überzeugt, daß das Zutschkännchen, hier nennt man es Lämmlein, zu unangenehmen Folgen Gelegenheit giebt. Das Kind muß nicht allein viele Gewalt anwenden das Getränke herauszuziehen, sondern es schluckt auch viele Luft zugleich mit ein, die notwendig in der Folge Magenwinde, Erbrechen, u. s. w. verursachet. Nicht selten bekommt das Kind auch zu viel auf einmal, und der Magen wird überladen. Ich wünschte man gebe lieber abgesetzt und öfter, als einen halben Schoppen auf einmal zu trinken. Auch kann ich nicht unerinnert lassen, daß man die Getränke ja niemal kalt, sondern allemal etwas warm gemacht geben soll.

So

So bald das Kind mehr Nahrung erfordert, so wird ihm täglich einmal, und zwar des Abends, ein Brey aus ungesäuertem Brod, mit Wasser und Milch sehr dünne gekocht, lau warm gegeben. Brodgrumen von Semmeln oder Zwieback mit Wasser und Milch gekocht, schicken sich am besten zu einem solchen Brey, und um das Grimmen im Magen zu verhindern, kann man etwas Zucker zumischen. Altes geriebenes Brod schickt sich auch weit besser als neu gebackenes. Ich weiß übrigens gar wohl daß dieses nicht das gewöhnliche Kindsmus ist, welches man mit Milch aus Mehl und öfters noch feuchtem Mehle zusammen kocht, und der hergebrachten Gewohnheit nach, alle Tage wenigstens zwei bis 3 mal, selbst Neugebohrnen, zu essen giebt: aber ich weiß auch durch eine tägliche Erfahrung überzeuget, daß das leztere unverdaulich, und die Ursache vieler Krankheiten ist, dahingegen ersteres schon von vielen Müttern ihren Kindern mit gutem Nutzen gegeben worden, und wie ich hoffe noch gegeben werden wird. So gesund es aber auch an sich selbst ist, so muß ich doch erinnern, daß man niemal zu viel auf einmal, sondern lieber öfter gebe, und wenn das Kind keine Eßlust haben sollte, es ja nicht zwinge.

Ich habe öfters diesen Fehler an den Wärterinnen bemerkt; und wenn ich sie überzeugen konnte, wie schädlich es den Kindern, wenn sie mit Speisen vollgestopft werden, so war es mir ein wahres Vergnügen.

Kein-

Reinliche Wärterinnen werden nie den Fehler begehen, daß sie das Mus oder den Brey mit ihren Fingern dem Kind in den Mund streichen, noch weniger den Löffel vorher durch ihren Mund gehen lassen, ehe ihn das Kind erhält; man kann die Wärme des Breys kosten, ohne ihn mit dem oft auch sehr ungesunden Speichel zu verunreinigen.

Aber es giebt noch ein Instrument dessen man sich neben dem Löffel bedienet, welches noch weit schlimmer ist als der Finger, und dieses ist der Noller oder Schnuller. Er enthält ein Stück Semmel oder Pulver gestossenes Zuckerbrod, welches man in einen Fleck Leinwand eingebunden. Ich habe Kinder gesehen, die diese Art Knebel fast Tag und Nacht nicht aus dem Munde brachten, und auch im Schlaf die Bewegung mit den Lippen machten als wenn sie saugten, wenn sie auch denselben nicht hatten. Vielleicht war sein Gebrauch bei seiner Erfindung vortheilhaft, und es scheint man habe eine künstliche Warze durch ihn herstellen, und dem Kind auf diese Art Milch geben wollen; so wie er aber jezo gebraucht wird, kann ich ihn unmöglich billigen. Das Kind ziehet viele Luft mit dem Noller ein, und desto mehr je öfter er ins Wasser getaucht und noch dazu in das Ofenhafenwasser, welches schädlich, gegeben wird. Er wird oft sehr unreinlich gehalten. Er verursachet Verunstaltungen am Munde und an den Lippen; denn solche Kinder die fleißig den Noller haben, bekommen gewöhnlich grosse Mäuler und aufgeworfene Lippen. Das beständige Geifern macht, daß solche Kinder immer am Kinn und unter dem Halse feucht und naß sind, leichte fratt davon werden, und beständig sauer riechen.

Zu diesem allen kommt noch hinzu, daß das Zahnfleisch, durch das beständige Aufdrücken auf den Noller, so hart und feste wird, daß es bey dem Zahnen sehr schwer hergehet. Nicht selten ist der Noller auch den schon vorhandenen Zähnen schädlich. Sollte man ein so schädliches Werkzeug nicht verwünschen? nicht abschaffen? Man würde es thun, glaube ich, wenn nicht das Vorurtheil allgemein wäre, daß man das Kind mit nichts so gut schweigen könne, als mit dem Noller. Aber man irrt ganz gewiß, denn die Ursache des Schreiens und der Unruhen der Kinder, sind Winde und Säure im Magen und Gedärmen, welche der liebe Noller verursacht; und diese soll der Noller gut machen. Ist dieß nicht ein Wiederspruch? Und gel t nicht das Geschrey bald wieder von neuem an? Doch genug hievon.

In der Folge wann das Kind stärker wird und mehr Nahrung nötig hat, giebt man ihm täglich 2 auch 3 mal einen solchen Brey, und jedesmal etwas wenig darauf zu trinken.

Zur Veränderung kann man auch eine magere Fleischsuppe, Reiß, Gerste und Hafergrütze, mit Wasser und wenig Milch abgekocht, und durch einen reinen Lappen durchgeseihet erlauben. Insbesondere verdient das zu Pulver gestossene oder fein gemahlene Reiß den Vorzug. Alle andere Arten
Spei-

Speisen sind dem zarten Kinde schädlich, weil sie unverdaulich, und sich mit der Milch im Fall es gesäuget wird, nicht vertragen.

Nach dem Essen wird das Kind einige Minuten auf dem Arm herumgetragen, und ja nicht sogleich wieder niedergelegt; denn es ist ihm sehr gut, wenn es vorher einige Winde loß geworden. In der Wiege oder dem Bette legt man es bald auf die rechte bald auf die linke Seite, allemal aber mit dem Kopf und der Brust höher, als den übrigen Theilen. Die Wiege darf im Winter nicht zu nahe an dem Ofen stehen, nicht dem Zugwind von Thüren ausgesetzt seyn, endlich muß sie auch so gestellt werden, daß das einfallende Licht das Kind nicht blenden kann. Sehr gut ist es wenn man einen Bogen über sie spannt, und denselben mit einem dunkeln Tuch behängt, welches aber fleissig aufzudecken, damit nicht eine schädliche Luft, von den Ausdünstungen des Kindes darunter entstehen kann. Das Kind muß weder durch ein Geräusch, noch die Gerüchen von aller Art, im Schlafe gestört werden. Schläft es ruhig, o so lasse man es schlafen so lange es will, nur suche man es den Tag über, so viel es möglich munter zu erhalten. Denn hoffe ich wird es auch kein Wiegen zum Einschlafen nötig haben, oder doch gewiß nur ein sehr sanftes; denn ein heftiges wird es nur betäuben. Und denn wird es durch seine Munterkeit bei dem Erwachen, uns anzeigen, daß es gut geschlafen habe.

Ich habe eben gesagt man soll die Kinder den Tag über munter zu erhalten suchen. Wie erreicht man diesen Zweck? Man macht ihnen Bewegung und sucht sich mit ihnen zu unterhalten.

Was die Bewegung betrifft, so hat freilich das Kind keine andere, als die in der Wiegen, und die welche es auf den Aermen erhält, sie sind auch, wenn ich noch die in dem Rollwagen, welche sich aber besser für ältere Kinder schickt, dazunehme, hinlänglich, wenn man nur dabei die gehörige Vorsichtigkeit beobachtet. Die Bewegung muß nie zu stark seyn, insbesondere nach dem Essen. Wenn man das Kind mit den Händen in die Höhe hebt und es schwebend erhält, so gebe man ja wol Achtung, daß man seine Brust mit der Hand nicht sehr drücke. Das Kind wechselsweise auf dem rechten und linken Arm zu tragen hat zwar für die Wärterinn ehe sie es gewohnt wird Unbequemlichkeit, es ist ihm aber sehr vortheilhaft. Läßt man das Kind an die freie Luft bringen, welches auch gesunden sehr heilsam ist, so muß sie rein, nicht neblicht oder kalt, aber auch nicht zu warm seyn, am wenigsten darf man es wagen kleine Kinder einer starken Sonnenhitze auszusetzen. Will man ihnen im Roll- oder Krettenwagen Bewegung machen, so kann es auf einem ebenen Stubenboden oder auch auf dem Grasboden geschehen; auf den Steinen wird die Bewegung zu heftig. Erwachsene müssen alle mal die Aufsicht haben; Kindern aber darf und soll ein solches Geschäfte nicht überlassen werden, weil Kinder bei Kindern nicht versorgt sind, und schon viele

Bei-

Beispiele leider gelehrt haben, daß sowol die Kinder als auch junge Kindermädgen dabey Gefahren ausgesetzt worden, die oft unverbesserlich sind.

Bei der Unterhaltung die man sich mit dem Kinde macht, ist vorzüglich die Behutsamkeit nötig, daß man es für unangenehmen Leidenschaften, Schrecken, Zorn ꝛc. suche zu verwahren, hingegen in einer beständigen Heiterkeit zu erhalten. Zu dem Ende rathe ich daß sich niemand dem Kinde nähern, ausser denen Personen die es leiden kann, und auch diesen empfehle ich eine heitere Mine: denn die Kinder verstehen sich nur zu gut auf die Minensprache, und geben es sogleich durch wiedrige Züge und Schreien zu erkennen, wenn man ihnen nicht freundlich begegnet. Noch unangenehmer sind ihnen Drohungen, fürchterliche Gebärden ꝛc. und versetzen sie in Furcht und Schrecken. Eben dieses erfolgt wenn sie plötzlich aus dem Schlaf erweckt werden, wenn man ein lautes Geschrei oder Gelächter anfängt, und dieses um so mehr, wenn es ihnen von hinten her kommt; ferner wenn man sie aus einem dunkeln Orte plötzlich an einen hellen oder von Lichtern erleuchteten, bringt. Daß ein Kind zornig und boßhaft wird, daran ist oft die Wärterinn schuld, in dem sie es zu lange in der Wiege liegen läßt, ohne auf sein Schreien zu achten. Zuverläßig schreit ein Kind nicht, es habe sich denn besudelt, oder seie ihm das Liegen beschwerlich, oder es empfinde Schmerzen, oder habe Hunger oder Durst. In allen diesen Fällen ist es Wohlthat, aber auch Pflicht, das Kind aufzuheben, die Ursache seines Weinen zu entdecken und zu heben zu suchen.

Unterhält man das Kind mit Spielsachen, so suche man sie so zustellen, daß sie das Kind gerade ansehen kahn, um nicht schielen zu lernen. Bemerkt man daß ihm dieses oder jenes lieb ist, so willfahre man ihm; sollte es ihm aber schädlich werden können, so suche man es mit einem andern unschädlichen zu vertauschen, nie aber mit Gewalt es zunehmen.

Noch eine wichtige Beschäftigung die sich die Mutter oder Wärterinn mit dem Kind alle Tage machen kann, welche auch von dem vortreflichsten Nutzen seyn kann, ist das Baden. Dem löblichen alten Herkommen nach badet die Hebamme das Kind, die ersten sieben höchstens neun Tage. Aber sieben oder neun Bäder sind lang nicht hinreichend: und wem die Gesundheit seines Kindes lieb ist, und welchen Aeltern sollte sie es nicht seyn? dem will ich rathen, dasselbe wenigstens die ersten 12. Wochen alle Tage, und nachher die Woche ein oder zweimal zu baden, und auf diese Art bis zu einem Jahre fortzufahren. Den Kunstgriff kann jede Mutter leicht erlernen. Ich muß es auch zum Lob einiger hiesigen Frauen hier öffentlich melden, daß sie sich gefallen lassen, diese Wohlthat ihren Kindern zu erweisen; ja ich schmeichle mir mit der angenehmen Hofnung, daß noch viele durch ihr Beispiel zur Nachahmung werden gereizet werden.

Bei

Bei oder nach dem Bade wird sich eine gute Mutter gefallen lassen, den Mund ihres Kindes zu untersuchen, ob er rein oder angelauffen, und die ganze Höle desselben, mit einem Schwamm oder zarten Läppgen, welches vorher in eine Mischung von Wasser und Honig eingetaucht worden, auswaschen. Ich bin durch mehr als eine Erfahrung überzeuget worden, daß bei einem sonst gehörigen Verhalten, diese kleine Mühe, welche die Reinlichkeit erfordert, das Kind für dem oft so beschwerlichen und gefährlichen Voß oder Schwämmgen verwahre.

Ein gelindes Reiben des Unterleib's, mit der flachen Hand oder einem feinen Lappen, ist dem Kind sehr zuträglich. Und man auch mit einer sehr weichen Bürste den Kopf sanfte abreiben, und dadurch den Schmutz wegschaffen, so glaube ich wird man einige verdrüßliche Hautkrankheiten welche sich an dem behaarten Theil des Kopfs zu äussern pflegen, wo nicht abhalten, doch gewiß schwächen können.

Es ist bekannt daß man Milch und Wasser zum Bad nimmt und es lauwarm gebraucht. Dieses ist auch im Anfange sehr nützlich, weil kleine Kinder weder allzugrosse Wärme ertragen können noch auch erkältet werden müssen; noch besser aber wird es seyn, wann in dem Fortgang blosses Wasser genommen, und die Bäder immer kühler gegeben werden, so daß sie endlich ganz kalt gebraucht werden können. Alsdenn kann man hoffen, daß sie zur Gesundheit und Stärke des Körpers sehr

B 4 viel

viel beitragen. Erstreckte sich auch der Nutzen der Bäder nicht auf die Zukunft, so würden sie doch wegen der Reinlichkeit, die bei den Ausleerungen vorzüglich nothwendig ist, sich empfehlen.

Unter den Ausleerungen ist der Schweiß eine der wichtigsten. Man glaubt gewöhnlich man könne das Kind nicht warm genug halten: man bringt daher im Winter die Wiege hart an den Ofen, man erwärmt die Betten, bringt auch Bettflaschen zu den Füssen des Kindes; und wer es recht gut meynt, bedeckt den Unterleib so gar mit einem Pelzfleck. Man erreicht zwar seinen Zweck, aber alle diese guten Absichten werden von schlimmen Folgen begleitet: das Kind wird geschwächt und der Gefahr ausgesetzt, bei der geringsten Erkältung, Husten, Brustbeschwerden, Durchfall ꝛc. zu bekommen; nicht zu gedenken, daß viele durch das häufige Schwitzen in Auszehrung verfallen, und ihr Leben ohne Rettung verlieren. So wenig ich es lobe, wenn man Kinder lange entblößt liegen läßt, oder sie mit blossen Haupt und Füssen unbedeckt herumträgt, oder auf andere Art erkälten läßt, so sehr wünschte ich doch daß man alle überflüssige Wärme suchte zu vermeiden, hingegen die Ausdünstung gehörig zu erhalten, die Kinder oft wüsche und ihre Wäsche worunter auch die Windeltücher gehören, fleissig änderte. Dieses letztere ist auch wegen dem Urin und den Exkrementen notwendig. Der Urin muß nach dem mehr oder weniger genossenem Getränke stark oder schwach abgehen, sonst ist das Kind krank. In dem zweiten Theile werde ich schon

schon Gelegenheit haben von den Fehlern bei dem Urinlassen zu handlen. Die Leibesöfnung erfolgt bei einem gesunden Kinde in 24. Stunden 2. bis 3. mal, der Unrat hat eine gelbe Farbe und ist mehr weich als hart; wenn er aber wie gehackte Eyer oder grün gefärbt ꝛc. abgehet oder eine Verstopfung sich einfindet, so ist das Kind in kränklichen Umständen. Bei einer Verstopfung giebt man ein Klistier, und es hilft mehr als Arztneien. Ich zeige dieses hier an weil ich aus der Erfahrung weiß daß Klistiere die größten und wichtigsten Hilfsmittel sind, deren man sich bei Kinderkrankheiten bedienen kann. Wie sie zu bereiten lehrt N. 2. die Anwendung lernt die Mutter oder Wärterinn von der Hebamme; und mit einer Klistierröhre kann ihr der Drechsler und mit einer Blase der Metzger dienen. Und es muß einer Mutter angenehm seyn, wenn sie ohne Zeitverlust ihrem Kinde in vielen Fällen selbst helfen kann.

Ich habe auch das Vergnügen andern zum Beispiele zu melden, daß sich viele Mütter hier befinden, welche ihre Kinder selbst klistieren, und unter diesen auch verschiedene, denen man gewiß den Eigennutz nicht zur Last legen kann.

Auf diese Art behandelt man ein Kind bis zu dem Entwöhnen, oder demjenigen Zeitpunkt, wo es Kräfte genug und die meisten Zähne hat.

V. Kapitel.
Das Entwöhnen.

Wenn ein Säugling hinlängliche Kräfte hat, und die meisten Zähne vorhanden sind, so kann er, ohne daß man sich an Monate oder Wochen zu binden, entwöhnt werden. Einige Wochen vorher giebt man ihm täglich einmal weniger als sonst die Brust, bricht nach und nach immer mehr ab und gewöhnt seinen Magen an eine andere Kost. Die oben angezeigten Suppen sind hierzu dienlich. Ist einmal der Entschluß gefaßt, so wird die Mutter oder Amme durch bittere Dinge z. B. Ochsengall, Wermut und Knoblauchsaft ꝛc. welche sie auf die Warzen streicht, die Milch dem Kinde unangenehm zu machen wissen. Sollte aber auch dieses nicht helfen wollen, so bleibe sie dennoch standhaft bei ihrem Entschluß, gestatte dem Kind keine weitere Versuche, und, welches der beste Rath ist, suche wenn es möglich, einige Tage sich zu entfernen.

Zweiter Abschnitt.

Lebensordnung der entwöhnten und ältern Kinder.

Hier fängt sich ein neuer Zeitpunkt des Lebens an. Das Kind muß die Eindrücke der Luft ertragen lernen, es bekommt Kleidung, andere Kost ꝛc.; und sein Körper und Geist soll vollkommener werden.

I. Kapitel.
Von der Luft oder Atmosphäre.

Das Bauerkind, welches der einfältigen Natur getreu erzogen wird, im Sommer bey heiterm Himmel, auf dem Feld sich vergnügt, und im Winter oft bei der stärksten Kälte, unbedeckt, mit offener Brust und baarfuß herumlauft, kennt keine wiedrige Eindrücke der Luft, und ist gesund; dahingegen das vornehme Stadtkind, welches mühsam für aller Luft verwahrt wird, in seiner Kindsstube in einer feuchten, dunstigen und meistens zu warmen Luft lebt, beständig kränklich ist, und bei jedem rauhen Lüftgen in Gefahr steht sein bisgen schwaches Leben zu verliehren. Ich glaube die Ursache dieses grossen Unterschied's, ist allein die Gewohnheit. Man bringe also die Kinder mehr an die freie Luft, und mit zunehmenden Jahren mögen sie sich durch Gewohnheit gleichsam abhärten: denn
wird

wird ihnen keine Veränderung der Luft schaden, nur darf der Uebergang von einer kalten in eine zu heisse Atmosphäre, und auch umgekehrt, nicht zu plötzlich seyn.

II. Kapitel.
Die Kleidung.

Ein jeder Anzug den das Kind erhält muß seiner Bestimmung den Körper zu bedecken angemessen, einfach und ungekünstelt seyn, und nicht zu feste anliegen. Ein kleines Leibgen (Kittelein) welches auf dem Rücken ganz locker zugeschnüret wird, und zum Bettanzug ohne Ermel seyn kan, ist hinlänglich so lang das Kind im Umschlag oder Golter getragen wird. Nachher bekommt es einen längern Rock und die Mädgen einen Weiberrock. Strümpfe und Schuhe sind nicht eher nötig bis das Kind auf der freien Strasse gehen kann, vorher sind sie zwar zur Zierde, aber auch beschwerlich.

Was die Bedeckung des Kopfs betrift, so wünschte ich daß man Kinder, so bald der Kopf mit Haaren genug besetzt ist, im blossen Haupte gehen, und auch zu Nacht ohne Mütze oder Kappe schlaffen liesse. So fremd dieser Wunsch denen Mützenfreunden vorkommen wird, so gewiß kann ich sie versichern daß der Kopf weit besser ausdünstet ohne Mütze, und daß der Schweiß welchen die Pelzkappe, die so gar hinter den Ofen und ins Bett mit muß,

muß, erzwingt, unnatürlich und der Gesundheit sehr schädlich ist. Ein flanellen Brusttuch schützt genug für die Kälte, und macht alle Pelze, Muffe, Brustkisselein und s. w. überflüssig. Sollen Kinder eine dauerhafte Gesundheit erhalten, so darf man sie ja nicht in warmen Zimmern schlafen lassen, ihr Bette nicht erwärmen, und bei mehreren Jahren mögen sie auch auf Matrazen schlafen lernen.

Da ich die Kleidungsstücke so weit wünsche, daß das Kind keinen Zwang leiden darf, sondern sich vollkommen frei bewegen kann, so läßt sich leichte einsehen, daß ich die steifen Schnürbrüste nicht loben werde, und nur solche erlauben kann, die aus sehr dünnen, feinen, biegsamen Fischbeinen, oder noch besser aus Darmseiten bereitet, nicht zu lang sind, und einen solchen Ausschnitt haben, daß das Kind die Aerme frei bewegen kann, und weder die Brust noch der Unterleib gedrückt werden.

Ich will mich mit der Erzählung der schlimmen Folgen der Schnürleiber oder Schnürbrüste nicht aufhalten. Sie sollen an den erhöhten Schultern, Verwachsungen des Rückgrats, an Fehlern der Brust, der Lunge, und unzähligen Krankheiten schuld seyn. So bald eine Schnurbrust das Kind an der freien Bewegung hindert oder irgend wo drückt, so ist es Zeit sie abzuschaffen. Eben so dörffen auch Hosen, Schuhe, Bänder, Binden, u. s. w. weder drücken, noch zu feste anliegen, noch zu stark geschnüret werden.

Es

Es ist gleichgültig welche Farbe die Kleidung eines Kindes hat, wenn es nur reinlich ist: und aus diesem Grunde nicht allein, sondern auch wegen einer zu besorgenden Ansteckung insbesondere von Hautkrankheiten, empfehle ich allen Aeltern Vorsichtigkeit, wenn sie ihre Kinder alte Kleider von andern anziehen lassen: Auch können sie sie nicht frühzeitig genug warnen, mit andern Kindern Kappen oder Hüte zu wechseln, weil schon oft auf diese Art der sogenannte Erbgrind ꝛc. durch die Ansteckung dem andern mitgetheilet worden.

III. Kapitel.
Die Nahrungsmittel.

Hat man das Kind an die Suppen gewöhnet, so werden sie auch abwechselnd, bis zu derjenigen Zeit können beybehalten werden, wenn das Kind die meisten Zähne hat. Ist es als denn im Stand selbst zu kauen, so kann man ihm allerlei Zugemüße, und selbst ein wenig Fleisch erlauben. Hingegen sind Mehl- und Milchspeisen, Erbsen, Linsen, Bohnen, Erdäpfel oder Kartoffeln, alle Arten Pfannenkuchen (Eierhaber) ferner Obs, hartgesottene Eier, Käße, Fische u. s. w. nur nach und nach, wenn die Jahre zu nehmen zu gestatten. Ich verwerfe diese obgleich schwer zu verdauende Speisen deßwegen nicht, weil der Magen eines Kindes doch nach und nach an alle Speisen muß gewöhnt werden, um in der Folge alles ertragen zu können. Das meiste Küchenwerk, wenn ich den

Zwie-

Zwieback und einen wolausgebackenen Napfkuchen oder Gogelhopf ausnehme, taugt wol nicht viel: und zuckergebackenes und Leckerbisgen sind allemal schädlich: denn die Erfahrung beweiset es daß sich die Kinder oft, an Torten, Makronen, Pfefferkuchen oder Leckerlein u. s. w. krank essen. Auch schadet der Zucker den Zähnen nicht wenig.

In Ansehung der Menge der Speisen, sind das Alter und die Verdauungskräfte der beste Maaßstab. Es ist schädlich wenn man die Kinder zu sehr einschränkt, und sie fast verhungern läßt; sie werden dadurch gewöhnlich naschhaft und gefräßig; aber es ist auch eben so wenig dienlich, sie alle Tage so viel essen zu lassen bis sie nicht mehr können, sich erbrechen und krank werden. Man bringe alle Speisen, diejenige ausgenommen die das Kind nicht essen darf, auf den Tisch, und nun lasse man sie satt essen. — Sollten sie sich überladen, so wird sie die gütige Natur zur Genugsamkeit leiten, und ihnen zeigen, wie viel sie nöthig haben, um gesund zu bleiben.

Daß das Geschirre reinlich gehalten, und keine Speise in Zinn oder Kupfer lang aufbehalten werden dörfe, lehren einige durch solche Nachlässigkeit entstandene Unglücksfälle.

Das beste Getränke für Kinder ist das Wasser. Bier können sie mit mehrern Jahren trinken lernen. Einen sehr schwachen Kaffee kann man zu einem
Schä-

Schälgen früh erlauben. Aber der Wein ist ihnen schädlich, und der Brandewein äuserst gefährlich.

Das Nachttrinken, eine schlimme Gewohnheit vieler Kinder, müssen die Aeltern nicht gestatten, und ob es gleich manche Mutter sauer ankommt, um der Gesundheit ihrer Kinder willen, in diesem Fall unerbittlich seyn.

IV. Kapitel.

Die Bewegung und Ruhe.

Da es ein grosses Vergnügen für die Aeltern ist, wenn ihr Kind stehen oder lauffen kann, so werden um es dahin zu bringen, nicht selten zu frühzeitige Versuche gemacht, welche aber gewöhnlich fruchtlos und zum Nachtheil der Kinder ablauffen. Es läßt sich die Natur nun einmal vor allemal nicht zwingen, und das Kind erlangt nicht eher das Vermögen zu gehen, bis es hinlängliche Stärke in seinen Füssen hat; und erst durch viele Uebung erhält es die zum Gehen nötige Herzhaftigkeit.

Die Baurenkinder kriechen auf dem Boden oder im Grase so lang herum, bis sie sich nach und nach auf den Füssen erhalten können: und so lernen sie am besten gehen. Ey warum folgen wir in den Städten nicht diesem Beispiele, welches doch der Natur sehr gemäß ist? Könnte man das Kind nicht in einen grossen, weiten, und mit Betten versehenen Korb

setzen,

setzen, und es auf diese Art, durch eigene Versuche ohne Gefahr auf die Füsse kommen lassen? Es kostet auch gewiß mehr Mühe ein Kind an den Leit- oder Gengelbändern gehen zu lernen. Und wenn man es so mit ansehen muß, wie das Kind an denselben herumgeschleppt und fast verdrossen wird — so geht das Mitleiden in Verwünschung über. So viel ich weiß sollen die Leitbänder nur lose gehalten werden, und allein dazu dienen das Kind zu halten wenn es fallen will.

Der Fallhut, eine gewiß gute Erfindung, man nennt ihn hier den Bausch, beschützet das Gesichte und insbesondere die Nase beim Fallen. Er muß deßwegen vorne recht dick ausgepolstert, aber auch zugleich hinlänglich weit genug seyn, um nicht den Kopf zu drücken. Kann das Kind fertig laufen, so ist sein Gebrauch nicht allein unnötig sondern auch schädlich.

Von den Gängel- oder Laufwagen, Laufstühlen und Gängelbänken kann ich nichts gutes sagen. In letztern bekommen die Kinder durch das lange Stehen krumme Füsse. Mit den erstern fahren sie an allen Wänden an, stossen sich auf diese Art leicht, an ihre Brust, fallen, und können sich durch ungeschickte Bewegungen, Brüche und Verrenkungen zuziehen.

In eine Erzählung und Beurtheilung der verschiedenen Arten Kinderspiele, kann ich mich nicht
ein-

einlassen. Jede Gegend hat andere; darinn kommen aber alle über ein, daß sie zur Unterhaltung und Bewegung dienen. Sollen sie nützlich werden so müssen sie dem Alter und den Kräften des Kindes gemäß, nie zu lang getrieben, und dabey mit keiner Gefahr verbunden seyn. Um sie so einzurichten ist allemal die Gegenwart einer erwachsenen Person nötig.

Noch eine kleine Erinnerung an die Aeltern die, ihre Kinder zu häußlichen Geschäften gebrauchen. Haltet sie ja nicht zu frühe zu harten Arbeiten an: denn wenn sie noch nicht Stärke genug haben, so werden sie auf ihr ganzes Leben unglücklich; entkräftet vor den Jahren, kommen sie nie zu ihrer gehörigen Stärke und Wachstum, und wenn sie nicht der Tod früh wegrafft, so werden sie doch gewiß vor der Zeit alt.

Die Bewegung und Ruhe müssen mit einander gehörig abwechseln. Lebhafte Kinder können eine so starke Bewegung machen, daß man oft erstaunt wie sie es nur aushalten können; da hingegen schwächliche und kränkliche unthätig sind, und die Ruhe lieben. Ich habe solche Kinder Stundenweise auf ihrem Stühlgen sitzen sehen. —

Ich wünschte aber daß diese schädliche Gewohnheit ganz abkommen möchte, indem das zu lange sitzen den Kindern nachtheilig ist, und noch
schäd-

schädlicher werden muß, da sie entblößt auf dem Gefäße sitzen, worinn sich ihre Exkremente befinden, und eben diese Stühle auch zum Vorfall des Mastdarms Gelegenheit geben. Aeltern Kindern wird das lange Sitzen in Schulen, wo sie oft ganze 3. Stunden, und noch darzu mit vorgebogenem Körper sitzen müssen, öfters fast unausstehlig. — Vielleicht nimmt man in Zukunft auch auf solche medicinische Kleinigkeiten bei Schulanstalten Rücksicht.

V. Kapitel.

Vom Schlafen.

Die beste Ruhe erhält das Kind im Bette. Ich habe oben schon erinnert, daß der Kopf und die Brust höher liegen müssen als die übrigen Theile, und daß bald die rechte bald die linke Seite zu wählen. Dieses gilt auch von den grössern Kindern; auch muß ihnen nicht gestattet werden, daß sie auf dem Bauche liegen, oder die Aerme über dem Kopf im Schlafe zusammen schlagen, weil der Schlaf durch solche unschickliche Lagen unruhig wird.

Aber um ruhig zu schlafen, muß die Seele des Kindes, mit keinen lebhaften oder schröckenden Bildern vor dem Schlafengehen eingenommen werden. Auch ist es nicht rathsam Kinder mit Gewalt früh Morgens aus dem besten Schlafe zu erwecken, insbesonders im Winter, wo es sehr schädlich. Wenn das Kind aus dem Schweiß in eine kalte Stube, oder sogleich in die Schule gehen soll. Noch eins. Kinder sowol als junge wachsende Personen müssen mit alten abgelebten Leuten nicht in einem Bette schlafen, weil die Erfahrung lehret, daß sie dadurch elend werden und sich auszehren.

VI. Kapitel.
Von der Reinlichkeit.

Die Reinlichkeit ist ein Hauptstück bei der Behandlung der Kinder. Durch ihre Beobachtung werden sie munter und gesund erhalten, da sie hingegen kränklich werden, wenn man sie vernachläßiget. Ein reinlich gehaltenes Kind wird allemal mehr Vergnügen machen, als ein mit Ausschlag besetztes, sauer und übelriechendes, und durch Verwahrlosung oft äuserst abgezehrtes, welches zwar Mitleiden erwecket, aber auch die Behandlungsart verwünschen heißt.

Die verschiedene Ausleerungen machen die Reinlichkeit nothwendig, und ich glaube es ist Pflicht das Kind schon in der frühen Jugend zu gewöhnen, sie zu beobachten. Hält man ein Kind an alle Morgen fruh zu Stuhle zu gehen, so wird es auch in der Folge diese Gewohnheit beibehalten: läßt man es nicht eher zu Bette bis es Urin gelassen, so wird es nie die schändliche Gewohnheit annehmen,

men, den Urin in das Bette lauffen zu laſſen. Ein Kind das täglich gewaſchen wird, wird ſich in der Folge ſelbſt waſchen, wenn man ihm die gehörige Anleitung dazu giebt. Das bloſſe friſche Waſſer iſt das beſte Reinigungsmittel, welches zugleich die Theile ſtärket. Aus dieſem Grund ſind auch die kalte Bäder zu empfehlen; und es iſt Schade daß man die Knaben nicht dazu anhält, ſich in den Sommertagen im Flußwaſſer zu baden, aber unter einer Aufſicht.

Die Unreinigkeit auf dem Kopfe wegzuſchaffen müſſen die Haare täglich ausgekämmt werden. Das Friſiren ſoll zwar die Haare lange gut erhalten, ich glaube aber nur alsdenn, wenn Puder und Pomade fleiſſig geändert und nur ſo wenig als möglich gebraucht werden. Es ſcheint überflüſſig zu ſeyn anzumerken, daß man auch die Naſe und Ohren fleiſſig reinige. Aber auch die Reinigung des Mundes, welche bei vielen ſehr vernachläſſiget wird, können die Aeltern nicht aufmerkſam genug ſeyn. Es iſt nötig daß das Kind alle Morgen auch nach jedem Eſſen den Mund mit Waſſer ausſpühle, die Zähne reinige, und mit der Fingern gelinde abreibe. Dank wiſſen es die Kinder bei männlichen Jahren, wenn ſie die Aeltern in früher Kindheit ſchon angehalten reinlich zu ſeyn.

VII. Ka-

VII. Kapitel.
Die moralische Erziehung.

Ich muß über diese Materie das nothwendigste sagen, weil sie einen wichtigen Einfluß auf das Leben und die Gesundheit des Kindes hat. Die Erziehung hängt allein von der Leitung und dem Beispiele ab. Von rohen Aeltern wird man also wol keine besser erzogene Kinder erwarten. Von ihnen gilt des Dichters Ausspruch,

"Man muß zu erst den Vater ziehen,

"Denn kommt die Reihe an den Sohn."

Aber von rechtschaffenen und guten Aeltern läßt sich auch eine gute Erziehung hoffen.

Das Herz eines Kindes ist einem Wachs ähnlich, welches alle Eindrücke annimmt: und seine Neigungen richten sich nach dem vorhandenen Muster. Ist dieses gut, so legt es auch den Grund zu einer guten Bildung des Herzens. Wie wichtig ist demnach die Pflicht der Aeltern, selbst das beste Muster ihrer Kinder zu werden. Ein zärtlich liebreicher Umgang, der sich bis zu ihren Spielen herabläßt, wird den Aeltern die Neigungen ihrer Kinder, wenn sie sie genau beobachten, leicht entdecken. Die Sanftmuth der Aeltern gewinnt der Kinder
gan-

ganzes Herz; sie werden vertraut, offenherzig; und auf diese Art lassen sich ihre Neigungen erforschen und entdecken. Eine andere Art zu verfahren ist ganz zweckwiedrig; und die Erfahrung beweiset es auch täglich daß Aeltern welche über ihre Kinder herrschen, sie nicht leiten und ziehen können. Die Herrschsucht macht die Kinder mißtrauisch, furchtsam — und List und Ränke sind in der Zukunft die traurigen Folgen.

Da es nicht möglich ist die bösen Beispiele ganz zu entfernen da die Kinder in dem Umgang mit andern, auch selbst Erwachsenen, oft schlechte Muster nachahmen lernen, so wird es nötig seyn, daß so bald man einen solchen Fehler entdeckt, die Aeltern den Kindern, wenn sie sie allein sich mit ihnen unterhalten, die Schändlichkeit der Fehlerhaften und die wahre Schönheit der Guten zeigen, und zu diesem durch ihren eigenen Vorgang, den Geschmack des Kindes zu lenken suchen.

Munterkeit und Vergnügen sind dem kindlichen Alter eigen. Man darf auch Kinder in ihren Freuden nicht stören; aber Pflicht ist es sie unbemerkt einzuschränken, damit sie nicht in Wildfänge ausarten. Alle ihre Spiele und Ergötzlichkeiten sollten so eingerichtet seyn, daß sie zugleich die Kräfte des Körpers und der Seele, auf eine nützliche und angenehme Art beschäftigen können.

C 4 Was

Was den Unterricht betrifft so muß auch dabei zugleich auf beede gesehen, und das Kind wie man zu reden pflegt, gleichsam spielend gelehret werden. Man bemerkt daß Kinder in der Geselschaft anderer nicht nur munterer sind, sondern auch durch das Beispiel mehr angefeuer't werden. In dieser Rückficht haben die öffentlichen Schulen, einen grossen Vorzug vor dem Privatunterricht. Aber in andern Fällen sind sie noch grosser Verbesserungen fähig: so taugt es z. B. gar nichts wenn die Kinder viel auswendig lernen müssen, und ihr Verstand gar nicht oder sehr wenig geübt wird; schädlich sind die Schulen gleich nach Tische, noch gefährlicher wenn die Zimmer klein und enge sind, und die Ausdünstungen der Kinder sich häuffen u. s. w. Lächerlich ist es daß die Kinder jezt alles fassen und lernen sollen. Doch vielleicht kennen andere die Kräfte des Geistes besser als ich, und diesen überlasse ich es gerne, den Unterricht so weitläuffig zu geben als es gefällig, wenn nur der Geist des Kindes nicht zu sehr angestrengt wird, und Leib und Seele an Kräften Verlust leiden müssen.

Ein sehr wichtiger Gegenstand bei der Erziehung sind die Leidenschaften. Die unangenehmen sind für die Gesundheit der Kinder sehr schädlich. Die Furcht läßt oft die ganze Lebenszeit hindurch, in dem Körper die traurigsten Spuren zurück. Wer als Kind in beständiger Furcht gelebt, wird auch als Mann eine gewisse Zaghaftigkeit an sich bemerken lassen. Und finden wir nicht täglich, insbesondere re bei dem schönen Geschlechte Personen, die ein nichts bedeutendes Ding in Furcht und Schrecken setzen kann. Sind dieses nicht die Folgen unvorsichtig angebrachter Drohungen und Strafen? Sind es nicht Uiberbleibsel von ehemals empfundenen Bangigkeiten, welche eine alte Wärterinn, durch Erzählung einer Mordgeschichte, einer Gespenstergeschichte oder anderer schreckbahren Abendtheuren, dem Kind zu machen belieben? Vernünftige Aeltern werden freilich die Gelegenheiten solche Dinge zu hören ihren Kindern abzuschneiden suchen: aber wenn es doch geschiehet, und die Kinder die Erzählung wiederholen? Denn muß man ihnen das lächerliche davon zeigen, und die erste Gelegenheit ergreiffen, ihnen durch einen Vorgang Muth zu machen.

Es ist ein edler Zug den man bei gut erzogenen Kindern bemerkt, ein fühlendes Herz besitzen, welches gegen das Unglück anderer nicht unempfindlich ist, sondern mitleidig. Um aber dieses Mitleiden, weder in eine zu grosse Empfindlichkeit noch Traurigkeit ausarten zu lassen, können die Aeltern folgendes beobachten. Bei eigenen kleinen Wiederwärtigkeiten der Kinder, müssen die Aeltern sie ja nicht durch ihr Mitleiden zum Weinen bewegen. Um eigene und anderer Unglücksfälle, in der Folge unerschrocken und standhaft ertragen zu lernen, erzählt man etwas grössere Unglücksfälle, von Brand, Verheerungen, u. s. w. man zeigt ihnen elende Arme, Krüpel, bringt sie zu Kranken und Sterbenden u. s. w. begleitet aber allemal die Gegenstänſtůnde mit ſolchen Anmerkungen, welche das Kind zwar das Unglück fühlen laſſen, aber zugleich herzhaft machen. Zum Beſchluß muß ich noch eines Fehlers bei der Erziehung gedenken, welch: nicht geringen Einfluß auf die Geſundheit des Kindes, ja ſchon manchen ſelbſt das Leben gekoſtet hat; und dieſer beſtehet darinn, daß die Aeltern oder Lehrer die Unvorſichtigkeit begehen, und einem Kinde in Gegenwart der übrigen Geſchwiſtern oder anderer, mehr Liebe und Freundſchaft erweiſen, als den andern. Es entſtehet aus dieſem Fehler eine Eiferſucht, die, da ſie durch kein Mittel leicht wieder zu vertilgen iſt, ſchon manches Kind langſam aus Gram verzehret und getödet hat. Dieſes ſey allen Aeltern und Lehrern zur Warnung geſchrieben.

I. Ra-

Zweiter Theil.
Von den Krankheiten
der
Kinder.

I. Kapitel.

Schwachheit der Neugebohrnen. Scheinbar Todte.

Wenn Kinder, weil sie von kränklichen Aeltern erzeuget werden, oder zu frühzeitig auf die Welt kommen, schwach sind, so sind ihnen Wärme, Ruhe, und eine gute Nahrung nötig. Ich habe ein solches zu frühzeitiges Kind, an einem warmen Ort, uneingewindelt in Baumwolle legen, süssen Schotten zur Nahrung, und als ein Stärkmittel, frisches mit Zimmtwasser verdünntes und mit Zucker versüßtes Eiweiß, täglich einigmal zu einem Kaffeelöffelgen voll geben lassen. Es starb aber in wenigen Tagen; wie dieses das gewöhnliche Schicksal solcher Kinder ist.

Ganz anders hat man zu verfahren, wenn das Kind dem Ansehen nach tod zur Welt gebracht wird. Hier hat man zwei Fälle wol zu unterscheiden, und nach ihrer Verschiedenheit zu behandlen. Ist das Kind sehr schwach und blaß, hohlet es kaum oder nicht merklich Odem, und ist das Schlagen seines Herzens kaum zu fühlen, so darf man, wenn der Mutterkuchen oder die Nachgeburt noch nicht getrennt oder loß ist, das Unterbinden der Nabelschnure nicht unternehmen, sondern muß das Kind noch so lange in Gemeinschaft mit der Mutter lassen bis es Odem geholet: in dessen unternimmt die

Hebamme die bald anzuzeigenden Hilfsmittel, und löset erst alsdenn das Kind von der Nabelschnure ab, wenn es sich erhohlet hat.

Der zweite Fall unterscheidet sich von dem ersten dadurch, daß das Gesicht des Kindes ganz aufgetrieben dunkelroth blau und schwarz aussieht, und wenig oder keine Lebenszeichen vorhanden sind. Hier wird ohne zu unterbinden, die Nabelschnure an dem gehörigen Orte entzweigeschnitten, etliche Löffel voll Blut weggelassen, und denn erst unterbunden. In so fern sind diese zwei Fälle unterschieden, die übrigen Hilfsmittel aber können wechselsweise versucht werden. Eins der vorzüglichsten ist das Einblasen des Odems. Die Hebamme legt ihren Mund auf des Kindes Mund und bläset ihm behutsam, ja nicht zu stark, einigemal hintereinander Luft ein; während dem Versuch müssen beide Nasenlöcher zu gehalten werden. Es hilft dieses Mittel, wenn man siehet daß die Brust sich allein von selbst erhebet. Ein anderer auch oft gelungener Versuch ist folgender. Man fasse die Rippe des Kindes um die Gegend des Zwerchfells, und lasse sie geschwinde wieder fahren. Auf diese Art sind schon manche für tod gehaltene Kinder wieder zum Odem und Leben gekommen. Glaubwürdige Erfahrungen bezeugen, daß das wiederholte Saugen einer erwachsenen Persohn, an der linken Brustwarze des todscheinenden Kindes viele gerettet. Mit vielem Nutzen bedient man sich des Reibens der Brust und der Fußsohlen, spritzt Wein oder Wasser aber kalt,

gibgähling in das Gesicht oder auf die Brust, hält zerschnittene Zwiebel, oder Meerrettig dem Kinde vor die Nase, deßgleichen auch Salmiackgeist; waschet das Haupt und Gesichte mit warmen Wein, schlägt auch in warmen Wein getauchte Tücher um die Brust und den Unterleib; und badet es in lauwarmen Wein oder in Ermanglung desselben in einer Mischung von Brandewein und Wasser, ebenfalls lauwarm.

Man darf ein Hauptmittel, nämlich die Klistiern, insbesondere die Tabacksrauchklistiere nicht vergessen. Hat man keine Maschine, so steckt man eine am Ende des Rohrs mit Oel bestrichene Tabackspfeiffe in den After des Kindes, und der welcher rauchet, blaset den im gesammelten Tobacksrauch, behutsam, das heißt langsam und nicht in zu grosser Menge, durch die Röhre in den Mastdarm und die Gedärme des Kindes. Wenn das Kind sich darauf erholet hat, so giebt man ihm ein anderes nach N. 2. bereitetes.

Endlich müssen auch folgende Hilfsmittel nicht aus der Acht gelassen werden. Sollte die um den Hals des Kindes geschlungene Nabelschnure an der Erstickung schuld seyn, so muß sie unverweilt loß gemacht werden. Wäre der Hals voller Schleim, und die Zunge gleichsam am Gaumen angeleimt, so bringt man den Finger in den Mund, drückt die Zung nieder, und holet den zähen dicken Schleim der Erstickung drohte, heraus: es erfolgt darauf das Erbrechen des zähen Schleims, und das Kind kommt

zu

zu Odem. Eben so ist zu verfahren, wenn Kinder während der Geburt in dem springenden Wasser erstickt oder ertrunken sind.

Mit allen diesen Versuchen muß wenigstens eine Stunde wechselsweise angehalten werden; zeigen sich keine Zeichen des Lebens, im Puls oder Odemholen, sondern das Kind wird immer kälter und dem Tode ähnlicher, so muß man es doch nicht ganz aus den Augen lassen, sondern mit warmen Tüchern wol zudecken, an einem mässig warm. Ort aufbehalten und doch noch immer manchmal nachsehen, denn man hat Beispiele, daß sich oft nach einigen Stunden Lebenszeichen vorgefunden.

II. Kapitel.
Quetschungen am Kopf. Verschobener Kopf. Offene Kirnschale.

Man findet öfters insbesondere nach schweren Geburten, an dem Kopfe des Neugebohrnen Geschwulsten oder Beulen, die mit Blute unterlauffen sind. Diese lassen sich mit in warmen Wein getauchten und übergeschlagenen Bäuschlein oder Läppgen, welche fleissig so warm als es das Kind leiden kann zu wechseln sind, zertheilen. Bei manchen erfolgt die Zertheilung in 24. Stunden, auch wol früher. Läßt aber auf diese Behandlung die Geschwulst nicht nach, sondern wird weich, breitet sich aus, und man bemerkt wenn man sie

mit

mit dem Finger drückt, das Schwappern einer Materie, und fühlet zugleich ein Klopfen, welches mit dem Pulsschlag übereinkommt, so muß man durch einen Wundarzt die Geschwulst öfnen, die ausgetretene Feuchtigkeit und den Blutklumpen herausnehmen, und die Wunde gehörig heilen lassen. Man darf zwar mit dem Einschnitt nicht zaudern, doch will ich warnen solche Geschwulsten zu eröfnen, wenn sie sich an solchen Orten befinden, wo die Hirnschale offen; oder wenn sie eine Folge des Wasserkopfs seyn sollten: denn in einem solchen Fall wurde ein Einschnitt den Tod befördern.

Manchmal legen sich bei einer schweren Geburt die Knochen der Hirnschale über einander, und eine mit Blut unterlauffene Geschwulst am Hintertheil des Kopfs, giebt demselben die Gestalt eines Zuckerhuts. Dieses nennt man einen verschobenen Kopf. Die Hebammen wollen solchen Köpfen durch ein gelindes Strecken und Drücken ihre gehörige Gestalt geben. Es muß aber ja keine Gewalt gebraucht werden. Doch weißt sich die Natur bei manchen weit besser zu helfen, und durch ein freiwilliges Erbrechen und Niesen die Knochen von einander zu treiben. Viele aber sterben bald an Zuckungen, oder dem sogenannten Kinnbackenkrampfe.

Zu frühzeitig gebohrne und sehr schwächliche Kinder haben oft eine offene Hirnschale, in dem die Hirnschalennäthe zu weit von einander abstehen, und ihre Knochen beweglich sind. Dieser Umstand zeiget

zeiget allemal schwache Lebenskräfte und nicht selten eine Geneigtheit zur Kopfwassersucht an; und man weißt auch aus Erfahrungen, daß solche Kinder selten lange leben. Langsam würkt die Natur, und wenn sie auch hilft so bleiben solche Kinder doch klein, wachsen auch schief, und wenn im gesunden Zustande die Fontanell in 2. Jahren mit Knochen verwachsen ist, so ist sie bei solchen noch in 4. Jahren offen, oder sie bleibt es gar Zeitlebens. Wenn man auch einen Verband anlegen wollte, so warne ich doch für aller Gewalt.

III. Kapitel.
Der Wasserkopf. Gespaltener Rückgrat. Das Blattschiessen.

Man theilt den Wasserkopf oder Kopfwassersucht in den innerlichen und äuserlichen ein; dieser wird oft von jenem herfürgebracht; nicht selten sind beede zugleich vorhanden. Bei dem äuserlichen ist die Anhäufung des Wassers über der Hirnschale unter der Haut, und entdeckt sich durch die äuserliche Geschwulst, welche weich anzufühlen, und dem Druck des Fingers nachgiebt. Manchmal sind mehrere kleine Geschwulsten vorhanden. Oft dehnt die Geschwulst den vordern Theil des Kopfs sehr aus, erstrockt sich bis auf die Augen, und ist bei einem vorgehaltenen Lichte durchsichtig.

Der innerliche Wasserkopf, bei welchem die Ansammlung des Wassers unter der Hirnschale befindfindlich, läßt sich durch folgende Zeichen erkennen. Der Kopf und die Stirne werden ungeheuer groß, lassen sich aber doch hart anfühlen, die Hirnschalen stehen meistens von einander; der Kopf kann wegen seiner Schwere nicht aufrecht gehalten werden; die Augen stehen entweder mehr als natürlich hervor, oder liegen tiefer als gewöhnlich. Vielen fließt der Speichel beständig zum Mund heraus; andere haben eine Neigung zum Erbrechen so bald man sie aufrechts hält. Bei den meisten bemerkt man daß sie immer schläfrig, dumm und albern sind, und an den inn und äuserlichen Sinnen Mangel haben; daher auch selten solche Kinder reden lernen. Die übrigen Theile des Körpers nehmen nicht nach Maaßgabe der Jahre zu. Einige werden öfters mit Zuckungen befallen, andere gelähmt. Bei allen macht der Tod dem traurigen Leben ein Ende. Doch haben seltene Fälle bewiesen, daß solche Elenden viele Jahre am Leben geblieben.

Mit dieser Krankheit ist manchmal eine andere verbunden, welche die erstere zum Grunde hat, wegen der Verschiedenheit des Sitzes aber, einen eigenen Nahmen, nämlich der gespaltene Rückgrat erhält. Sie entdeckt sich durch eine oder mehrere wäßrichte Geschwulsten an den Lendewirbeln, oder nach dem Gesäße zu ꝛc., welche ebenfalls dem Drucke des Fingers nachgeben; wobei meistens die Füsse gelähmt sind oder werden.

Es giebt noch eine Art von Kopfwassersucht, welche man die Gehirn-Wassersucht nennt, bei welcher aber der Kopf nicht an Grösse zunimmt, und die leider erst alsdenn erkannt wird, wenn keine Rettung mehr möglich ist. Diese Krankheit deren Zeichen und Zufälle nur von einem Beobachter gehörig können bemerkt werden, ergreift meistens Kinder von dem 5ten bis zum 15ten Jahre von beederlei Geschlechte, manchmal ganz gesunde. Die vorzüglichsten Zufälle sind folgende. Die Kranken klagen über heftige Schmerzen in der Stirne über den Augen, verliehren die Eßlust und haben Eckel, manche erbrechen sich öfters; alle haben ein schleichendes unordentliches Fieber, wobei der Puls geschwinder als gewöhnlich ist, und gegen Abend mehr Hitze kommt; dabei können die Kranken das Licht nicht vertragen: Bei den mehresten zeigen sich von Anfang der Krankheit Zeichen von Würmern, manchen gehen auch welche ab, stehen aber mit der Krankheit in keiner Verbindung. Ist der Puls einige Tage geschwinde gewesen, so wird er nunmehro, und dieses ist der Anfang der zweiten Periode der Krankheit, langsam und unregelmässig, die Oefnung des Augsterns wird in beeden Augen wiedernatürlich erweitert, und die übrigen Zufälle scheinen sich zu vermindern. Nun fängt endlich die 3te Periode an, in dem nach Verlauf einiger Tage der Puls an Geschwindigkeit so ausserordentlich zunimmt, daß man seine Schläge fast nicht zählen kann: die Kranken werden schlafsüchtig, die Augenlieder werden gelähmt, der Kranke sieht nichts mehr, hört aber doch; endlich wird das Odemholen langsam und beschwerlich, und er stirbt am Schlag oder Gichtern.

Eine

Eine noch nicht allgemein bekannte, und in Ansehung ihrer Ursachen sowol als der Heilart ziemlich dunkle Krankheit, verdienet alle Aufmerksamkeit, um in der Zukunft in ein helleres Licht gesetzt zu werden.

Was die Ursachen des Wasserkopfs betrift, so kann schon in dem Mutterleibe eine schlimme Lage des Kindes, ein Stoß, Fall, zu festes Schnüren der Schwangern u. s. w. zu seiner Entstehung Gelegenheit geben: Ferner kann auch eine schwere Geburt bei welcher der Kopf des Kindes gepreßt wird, schuld seyn. Bei ältern Kindern wird man äusserliche Zufälle, Stoß, Schlag ꝛc. auf den Kopf, zurückgetriebene Ausschläge u. s. w. anzuklagen haben.

Wie ein Kind zu behandlen, welches mit einem Wasserkopf auf die Welt kommen soll, muß dem Geburtshelfer überlassen werden.

Es sind sehr wenige Beispiele vorhanden, wo sich die Natur selbst geholfen, und bei einem äuserlichen Wasserkopf, die Feuchtigkeiten durch die Augen, Ohren und Nase abgeführet. Die Kunst vermag nur im Anfange der Krankheit etwas, aber nicht sehr viel. Die innerlichen Mittel welche den Stuhlgang und Urin befördern sollen, fruchten selten viel; doch muß man den wiederholten Gebrauch der Klistiere mit Zusatz von Salz, nicht versäumen. Die äuserlichen können mehr helfen, wenn man sie unter einer guten Aufsicht gebraucht. Man kann

Kräu-

Kräuterkissen aus Salbei, Melisse, Münze, Rosmarin, Raute, Kamillen ꝛc. verfertigen, sie in halb Wein und Wasser kochen, und warm, vorher ausgedrückt auf die Geschwulsten legen, und mit einem nicht allzufesten Verband versehen. Man kann statt des Wassers auch Kalkwasser nehmen, und so oft es nötig die Ueberschläge wechseln.

Es werden auch geistige Einreibungen sehr gelobt. Vielleicht könnte sich das Oel der römischen Kamillen in einem solchen Fall empfehlen. Man kehre sich nicht daran, wenn die kleinen Kinder bei dem Gebrauche solcher Ueberschläge in tiefen Schlaf verfallen, sondern kützele sie nur zu der Zeit wenn sie trinken sollen, und gebe ihnen die Brust, so saugen sie auch im Schlafe. Wenn die Geschwulst abnimmt, so kann der Wundarzt mit Nutzen die so genannte Kapelline anlegen.

Die Einschnitte sind sowol bei dem Wasserkopf als dem gespaltenen Rückgrat allgemein von tödlichen Folgen gewesen. Nicht viel besser liessen sich in den meisten Fällen die Blasenpflaster an. Doch werden sehr schwache, welche nur den Theil roth machen, nach vorher abgeschnittenen Haaren auf den Kopf zu legen befohlen, wenn zurückgegangene Ausschläge die Ursache der Krankheit. Erst in der Zukunft können wir durch mehrere Versuche erfahren, was bei dem innern Wasserkopf der inn und äuserliche Gebrauch des Quecksilbers auszurichten im Stande ist.

Noch

Noch eine sehr seltene Krankheit ganz kleiner Kinder, welche in einer Entzündung des Gehirns und der Hirnhaute bestehet, und mit starker Hitze am Hinterhaupt, und dem Einsinken der Fontanelle verbunden ist, nennt man das Blattschiessen. Diese Krankheit endigt sich gewöhnlich in 3. Tagen mit dem Tode, wenn nicht die Entzündung in Eiterung übergehet, und das Eiter wie es im äuserst seltenen Fall geschiehet, indem der Absceß innerlich bricht, durch den Mund und die Nase ꝛc. einen Ausfluß erhält.

Eine kühlende Diät der Amme, kaltes Getränk für das Kind, im Anfang Blutigel hinter die Ohren, Klistiren, und endlich auch Blasenpflaster an die Waden, würden allenfalls die Kur ausmachen können.

Bei ältern Kindern können auch Geschwüre im Gehirn entstehen, von zurückgetriebenen Ausschlägen der Haut, äuserlichen Ursachen ꝛc. Kopfschmerzen, Hitze, Erbrechen, Ohnmachten, Verwirrung, Mangel des Gesichts, Schlafsucht, Zuckungen und endlich ein ungleiches Odemholen welches auch wol gar ausbleibt, und der Abgang eines zähen mit Blut vermischten Speichels geben diese gewöhnliche tödliche Krankheit zu erkennen. Bei zurückgetriebenen Ausschlägen vermögen manchmal im Anfang der Krankheit, die an die Waden gelegten Blasenpflaster noch etwas, doch sind auch Klistiere fleissig zu gebrauchen. Im Fall eine äuserliche Ursache statt hat, so wird die Behandlung nach Umständen von dem Wundarzt unternommen. Manchmal wird der Trepan das Hilfsmittel.

IV. Kapitel.
Die Mutter= und Feuermähler.

Sie sind angebohrne Auswüchse von verschiedener Farbe und Gestalt; platt, erhaben, rund u. s. w. Wenn sie roth und blaustreifige Flecken vorstellen so nennt man sie Feuermähler: ihr Ursprung wird vom Weine oder Feuer hergeleitet. Mag es doch! Die erhabenen sind oft mit kleinen fleischernen warzigten Hügeln versehen, und mit Haaren bewachsen, daher müssen sie eine Maus, oder was die Einbildungskraft daraus machen kann, vorstellen. Die welche sich mit dem Winter verliehren und im Sommer wieder erscheinen und wie man sagt mit dem Erdbeer oder der Kirsche, deren Aehnlichkeit sie haben, wachsen, enthalten Blut in ihren Hölen, welches die Sommerwärme mehr ausdehnt, und daher eben zu dieser Zeit sichtbarer macht. Da einige Muttermähler von selbst nach und nach verschwinden, so konnten freilich sympatetische Mittel geholfen haben.

Die Feuermähler sind schwer und nur im Anfang gleich nach der Geburt, manchmal mit warmen Ueberschlägen von Wein zu vertheilen. Ich habe gesehen daß sich an dem Ort wo ein Feuermal war ein Geschwür hinsetzte, und glaubte schon Hofnung zu haben durch dasselbe es zerstöret zu sehen, es blieb

aber

aber nach wie vor. Die erhabenen Muttermähler, sie müssen aber keine grosse Adern haben, kann ein Wundarzt auf folgende Art wegätzen.

Er bestreicht ein Stück Leinwand mit einem gut klebendem Pflaster, nach der Grösse des Mahls, und schneidet in der Mitte ein Loch, wodurch das Mahl ganz zu sehen ist: darauf schabet er 1. Lot venedische Seife, und reibt nach und nach eben so viel fein pulverisirten Kalk hinein. Diesen Taig bindet man mit Heftpflastern, auf das ganze Mahl, so verwandelt es sich in 12. Stunden in einen Schurf, welcher leicht geheilet wird. Bei grossen Mählern muß es öfter wiederholet werden; und wenn es nicht wieder wachsen soll kein Aedergen vom Mahle übrig bleiben.

V. Kapitel.
Die Hasenscharten.

Gewöhnlich ist die obere Lippe gespalten: seltener auch zugleich der Gaumen. Einfache wo nur ein Spalt ist, lassen sich auch bei Neugebohrnen leicht heilen; doch wenn das Kind am Saugen nicht gehindert wird, ist es besser mit der Kur zu warten bis es ½. Jahr alt. Ist die Hasenscharte sehr groß, so kann man auch einige Tage vor der Operation die sogenannte vereinigende Binde anlegen, um das Kind zu gewöhnen sie zu tragen. Die Ränder der Hasenscharte müssen durch den Schnitt weggenommen, und hierauf die beeden Theile mit Heft-

Heftpflastern vereiniget und durch den Verband zusammen gehalten werden, daß es eine gute Narbe geben kann. Nadeln sind dabei überflüssig: Bei einer gedoppelten Hasenscharte, wird, wenn sie nicht in eine Wunde gebracht werden kann, weil die Spalten zu groß oder zu entfernt sind, eine gedoppelte Operation erfordert, und es bleibt doch allemal eine merkliche Verunstaltung nach.

VI. Kapitel.
Hindernisse des Saugens.

Seltener als man glaubt ist ein zu kurzes Zungenband die Ursache, daß die Kinder nicht saugen können. Man darf daher nicht bei allen, sondern nur denjenigen, welche nicht saugen und die Zunge bis an die Lippen hervorstrecken können, das Zungenband lösen. Nicht der Nagel des Fingers der Hebamme, sondern die von der Hand des Wundarztes geschickt geführte Lanzette, wird durch kleine, und falls es nötig, wiederholte Einschnitte, diesen Fehler verbessern können. Denn ein zu tiefer Schnitt, kann nicht nur das Bluten, sondern auch dadurch gefährlich werden, daß die Zunge zu viel Freiheit bekommt, und das Kind dieselbe gleichsam verschlucken, und sich dadurch ersticken kann. Ein so sehr verlängertes Zungenband ist zwar äuserst selten ein angebohrner Fehler; wann aber der Fall vorkommt, so muß man mit dem Finger die Zunge herfürzubringen, und durch ein Band suchen zu ver-
hin-

hindern, daß sich die Zunge wieder zurücke legen kann.

Sollte die Zunge durch Bänder mit den Seiten am Zahnfleisch wiedernatürlich verwachsen seyn, so können sie ohne Bedenken entzweigeschnitten werden; und die Zunge erhält ihre freie Bewegung.

Wie zu verfahren wenn die Zunge am Gaumen wie angeleimt ist und auf diese Art eine Hinderniß des Saugens ist, habe ich in dem I. Kapitel angezeiget.

Nicht so leicht als die vorhergehende Fehler, ist die Geschwulst unter der Zunge, oder das so genannte Fröschlein zu heben: aber zum Glücke ist es auch selten angebohren; wo es aber ist, hindert es das Saugen, und wird nicht selten tödlich. Manchmal siehet es wie eine zweite Zunge aus, und ist ein wahres Fleischgewächs. Oefter ist es eine Balggeschwulst, hat verschiedene Farben, weiß, gelb, braun ꝛc. läßt sich weich anfühlen, und enthält bald einen Schleim wie Eyweiß, bald eine festere breiartige Materie; ja in manchen sind so gar Steine vorgefunden worden. Die Operation muß der Einsicht eines geschickten Wundarztes überlassen werden. Ist sie möglich ohne grosse Gefässe zu verletzen, so muß der Schnitt groß genug gemacht werden, um der in dem Sack eingeschlossenen Materie einen Ausgang zu verschaffen. Ist dieses geschehen, so sucht der Wundarzt durch ein Aezmittel, wozu sich der Salzgeist am besten schickt, den Balg

oder

oder Sack selbst auszurotten, und hierauf die Wunde gehörig zu heilen.

Noch eine Hinderniß des Saugens ist die Verstopfung der Nase mit zähem Schleim. Sie fällt auch in der Folge bei katharrhalen und andern Krankheiten vor. Die Heilart ist allemal die nämliche. Man tauche eine Federspule in Oel und suche damit einen Reitz in die Nase zu machen. Oder man streiche öfters Eyeröl oder Majoranbutter in die Nasenlöcher. Ich übergehe die Verrenkung der Kinnlade während der Geburt als eine sehr selten vorkommende Ursache des verhinderten Saugen. Die Wundarztneikunst lehret ihre Behandlung.

VII. Kapitel.
Verwachsungen des Afters, der Harnröhre ꝛc.

Wenn der Erbkot nicht abgehen kann, so liegt der Fehler gewöhnlich an dem After. Oft ist nur seine Oefnung zu eng, und diesen Fehler können Klistiere und Stuhlzäpfgen abhelfen. Ist der After blos mit einem Häutgen verwachsen, welches man an der weichen Geschwulst, durch die man die Farbe des Erbkots durchscheinen sieht, erkennet, so ist ein kreutzweise gemachter Einschnitt hinlänglich, worauf nach erfolgter Ausleerung Charpie mit Wein befeuchtet eingebracht wird. Wenn aber hoch in dem After eine Verwachsung vorhanden,

den, oder gar keiner wahrzunehmen, oder derselbe sich in die Blase oder Geburtstheile endiget, so wird das Kind selten, oder gar nicht gerettet werden können.

Die Harnröhre ist bei einigen Knaben mit einem Häutgen ganz verschlossen, bei andern unter der Eichel am Harngang offen. Erstern kann man durch eine geschickte Oefnung mit der Lanzette helfen, und den Gang mit einem Wachskerzgen offen erhalten. Der letztere Fehler ist zwar ohne Gefahr, aber auch unverbesserlich. Eine gänzliche Verwachsung der Harnröhre ist tödlich. Ist die Vorhaut um die Eichel angewachsen, oder verschließt sie die Oefnung der Harnröhre so ist chirurgische Hilfe nötig.

Bei dem weiblichen Geschlechte sind die Geburtstheile oft dergestalten mit Schleim angefüllt, daß auch die Harnröhre dadurch verstopft, und das Urinlassen entweder ganz gehemmet, oder doch sehr beschwerlich wird. Die Hebamme hat auch auf diesen Umstand während dem Bade zu sehen, und läßt sich der Fehler durch Reinigung der Theile mit warmen Wein nicht heben, dem Wundarzt es anzuzeigen, welcher mit einer Sonde helfen kann.

Manchmal ist die Schaam von dem Hymen ganz verwachsen; zuweilen ist auch eine kleine Oefnung übrig, durch welche der Urin abfliessen kann. Ist das letztere, so ist zwar kein Schnitt nötig, aber doch müssen die Aeltern auf diesen Umstand

auf

aufmerksam gemacht und ihnen die Gefahr angezeiget werden, der ihr Kind bey dem Ausbruch der monatlichen Reinigung ausgesetzt seyn könnte, um die Operation im Nothfall nicht zu versäumen.

VIII. Kapitel.
Von den Brüchen.

Zuweilen sind sie angebohren. Oefter entstehen sie von starkem Schreien, heftigem Erbrechen, Husten, wiedernatürlichen gewaltsamen Biegungen des Körpers, Unterlassung der Nabelbinde u. s. w. Es giebt Nabel-Leisten-und Hodensackbrüche.

Die angebohrne Nabelbrüche sind äuserst selten, aber auch gemeiniglich tödlich. Sie sind sehr groß, und enthalten in ihrem Sacke, die bereits im Mutterleibe herausgefallenen Eingeweide des Unterleibs des Kindes. Alles was man wenn der Fall vorkommen sollte thun könnte, beruhet auf der Ausübung folgender Regeln, die aber auch nur ein geübter Wundarzt befolgen kann.

1. Drücke man hier die Nabelschnure nicht aus, sondern

2. unterbinde sie ohngefähr 3. Daumenbreit unter dem Bruch:

3. Bringe man hierauf das Ausgetrettene in die Bauchhöle zurücke; und

4. le

4. lege auf den Stumpf eine Compreſſe, und verbinde alles mit einer nicht allzufeſt zuſammenziehenden Binde.

Die gewöhnlichen Nabelbrüche, welche bei Kindern entſtehen, deren Nabel zu kurz gelöſet worden, oder nicht recht verwachſen, oder durch eine Entzündung erſchlappt worden, oder die ſtark ſchreien, oder bei dem Stulgang drucken ꝛc. ſind aus folgenden Merkmalen kenntbar.

Der Nabel ragt ½ bis einen ganzen Zoll herfür und wenn man ihn mit dem Finger zurück treibt, ſo fühlet man innerlich ein Loch, und die dadurch herausgetrettenen Theile, geben bei dem Zurückdrücken einen quatſchernden Laut von ſich.

Einige binden blos in Wein und Brandewein getauchte Bäuſchlein auf; andere bedienen ſich einer Halbkugel von Wachs oder Blei, legen ſie auf den Bruch und ſuchen ſie durch Heftpflaſter zu befeſtigen. Dieſe Heilarten gerathen ſelten; ſicherer iſt folgende.

Man wickelt eine halbe Muskatennuß in Leinwand, bringt den runden Theil auf den Nabel, bedeckt es mit einem Pflaſter, welches die Kugel befeſtiget, und legt darüber eine Binde an, deren vorderer Theil welcher auf dem Nabel liegt, faſt Handbreit, der aber welcher an den Hüften liegt um zwei drittheil ſchmäler ſeyn darf.

Da

Damit die Binde sich nicht runzeln, kann man sie am vordern Theile von gedoppelter Leinwand machen, und zwischen dieselbe ein Stück Leder legen. Bei jedem neuen Verband muß die Muskatennuß so lange mit dem Finger auf den Nabel gedruckt werden, bis die neue Binde angelegt ist. Um auf alle Art einem Rückfall vorzubeugen, ist es gut wenn man die Kinder, so lange der Nabel nicht geschlossen ist so wickelt, daß sie die Knie bis zu demselben hinauf ziehen können. Auf solche Weise erfolgt in wenig Wochen eine gründliche Heilung.

Ein Leistenbruch zeigt sich im Anfang als eine kleine Geschwulst oder Knötgen im Weichen neben dem Glied: wenn er aber in den Hodensack heruntertritt, so nennt man ihn denn einen Hodensackbruch. Mann erkennt ihn so denn, wenn, indem man die Hand auf die Geschwulst legt und den Kranken den Odem an sich halten und husten läßt, man deutlich fühlet, daß die Geschwulst grösser wird; ferner läßt sich auch der Hoden hinter oder unter der Geschwulst, durchs Gefühl deutlich bemerken.

Dieser letztere Umstand wird bei dem so genannten angebohrnen Bruche nicht beobachtet; in dem in demselben ein Stück Darm oder Netz mit dem Hoden in einem Sack liegt, und derselbe also nicht zu fühlen ist.

Zuweilen ist bei einem Kinde nur eine Hode
im Hodensack und die andere macht an der Seite
wo der Hodensack leer ist eine Geschwulst im Weichen. Dieser Umstand kann zu einem gefährlichen
Irrtum verleiten, indem man einen Bruch hier
vermeint und durch Anlegung eines Bruchbandes
gefährlichen Schaden stifften kann. Dieses zu
vermeiden sehe man also nach, ob nicht der eine Hode mangle, und wenn dieses ist, so wird auch ein
gelinder Druck auf die Geschwulst dem Kinde
Schmerzen machen, und wir werden also belehrt,
daß hier kein Bruch statt habe.

Gleiche Vorsicht bei der Untersuchung ist auch
nötig, damit sowol der Hode als auch ein Bruch,
nicht für eine Eiterbeule oder Absceß angesehen und
mit Pflastern behandelt, oder gar unglücklicher
Weise von einem unwissenden Bader, wie es sich
leider auch schon zugetragen, geöfnet werden.
Die Heilart erfolgt am besten wenn das Uebel
neu ist. Nach dem man einen solchen Bruch zu-
rückegebracht, muß man den Ort wo er ist, fleißig mit kaltem Wasser oder Kalkwasser befeuchten,
und das Bäuschgen mit einer Binde nicht zu feste
halten. Zuförderst suche man durch Klistiere, und
Laxiermittel in kleinen dem Alter angemessenen Gaben z. Ex. Magnesia, dem Kinde beständig offenen
Leib zu erhalten, damit nicht das Pressen bei dem
Stuhlgang, das Uebel immer wieder erneuere.
Hat das Kind einen Durchfall, so klistiert man es
ebenfalls, und verfährt wie in dem XVI. Kapitel
soll gelehret werden. Ist die Krankheit hartnäckig,

und

und das Kind schon 1. oder mehrere Jahre alt, so muß man es ein elastisches Bruchband tragen lassen: Denn diese Art übertrifft nicht nur die von Barchend, sondern ist auch allein sicher. Man wende sich aber in solchem Fall an einen in der Kunst geübten Mann.

Noch giebt es auch bei Neugebohrnen, Geschwulsten am Hodensack, welche aber keine Brüche sind, sondern gewöhnlich von einem Drucke ꝛc. während der Geburt entstehen, und mit Bähungen von warmen Wein leicht vertheilt werden. Die wäßerichten Geschwulsten des Hodensacks vergehen nach und nach von selbst,

IX. Kapitel
Der Erbkot oder das Mutterpech.

Es ist eine schwarze, zähe und dicke Materie in dem Magen und den Gedärmen des Neugebohrnen, welche man ausführen muß. Die Muttermilch ist wie schon gesagt worden das beste Mittel; kann sie aber das Kind nicht erhalten, so giebt man ihm N. 1. oder Wasser mit Honig um den Unrat zu verdünnen, und hierauf von N. 3. alle halbe Stunden 1-2. Kaffeelöffelgen voll bis das Kind sich erbricht oder Stuhlgang erhält, denn hält man ein, fährt den Tag darauf eben so fort, und so auch den 3ten, bis der Kot nicht mehr schwarz sondern gelb gefärbt abgeht. Ich ziehe dieses Mittel allen andern Laxiersäften ꝛc. vor, weil es leicht beizubringen, und so wol Erbrechen als Oefnung macht. Es ist bekannt daß man wärend der Würkung desselben das Kind auf die Seiten lege, um dem aus dem Munde ausfliessenden Schleim Ausgang zu verschaffen. Sollte ein Kind zu Ausführungen zu schwach seyn, oder keine Arztnei nehmen, so sind fleissig wiederholte Klistiere N. 2. nötig und nützlich.

X. Kapitel.
Von der Verstopfung.

Von der in dem VII. Kapitel angezeigten Verwachsung des Afters und der Art sie zu behandlen, kann daselbst nachgelesen werden. Sonsten leidet ein Säugling Verstopfung wenn die Milch der Amme zu alt ist. Man giebt ihm also eine andere oder ziehet ihn ohne Brust auf, und die meisten befinden sich bei einem dünnen Brey und N. 2. sehr gut. Das lose Windeln und Reiben des Unterleibs mit Oel ist sehr dienlich: Klistiere aber sind das vorzüglichste, und helfen gewiß mehr als alle Laxiermittel. Kinder die bei natürlich hartem Leib sich wol befinden, haben keine Hilfe nötig.

Aeltere Kinder gewöhne man frühzeitig, täglich offenen Leib zu haben. Pflaumen, Aepfel, kleine Weinbeere ꝛc. können zu ihren Speisen gethan werden, und mit solchen Dingen richtet man oft mehr aus als mit dem Laxieren. Wenn sich Kinder mit hartem Obst, oder daß sie wie es auch zu geschehen pflegt, Kirschen mit den Steinen essen, eine hartnäckige Verstopfung zuziehen, so müssen sie ebenfalls klistiert werden.

XI. Kapitel.
Von dem Erbrechen.

Bei Säuglingen ist das Erbrechen oft Krankheit und Arznei; denn sie entladen sich dadurch der zu häufig gesaugten Milch, oder des unverdaulichen Brey's, und befinden sich wohl darauf. Eben dieses hat auch bei grössern Kindern statt, wenn nach einer Ueberladung ihr Magen sich selbst durch ein Erbrechen hilft. Lauwarmes Wasser oder N. 1. wird das beste Beförderungsmittel seyn. Vorsichtigkeit kann künftigen Fehlern vorbauen.

Manchmal erfolgt auch ein Erbrechen wenn das Kind bei dem Windeln erkältet wird, einen Schluchsen bekommt, und die Mutter oder Amme es darauf stillt. Warme Tücher auf den Magen gelegt, thun hier gute Dienste. Nicht selten ist auch der Kohlendampf Ursache des Erbrechens; wie dieses insbesondere bei solchen Leuten sich ereignet, welche Torf oder Wasen brennen, und Ofenthüren haben bei deren Eröfnung das Zimmer voll Rauch wird. Man hält dem Kind Essig vor die Nase, und bringt es wo möglich in ein anderes Zimmer.

Noch eine Ursache des Erbrechens bei kleinen giebt das Geschirr ab, worinn ihre Speisen gekocht oder aufbewahret werden. Es ist schädlich wenn man das Mus in kupfernen nicht gut verzinnten Pfannen kocht; noch schädlicher wenn man es wohl gar Tag und Nacht darinn stehen läßt. Nicht weniger nachtheilig kann es seyn, wenn man Bier in zinnernen Bechern auf dem warmen Ofen stehen läßt, um es den Kindern in der Nacht zu trinken zu geben, welche üble Gewohnheit von schlimmen Folgen seyn, und die Kinder selbst nach und nach in die Abzehrung oder Dörrsucht stürzen kann. Entdeckt man daß das Geschirre die Ursache des Erbrechens, so suche man mit dem Finger oder mit einer in Oel getauchten Federspuhle in dem Schlund einen Reitz zu machen und das Erbrechen zu befördern; hierauf giesse man lauwarmes Wasser, Milch, Oel, fette Suppen u. s. w. in Menge ein durch Abschaffung oder Verbesserung eines solchen schädlichen Geschirrs, wird man in Zukunft einen solchen Fehler vermeiden können.

Eine der gewöhnlichsten Ursachen des häufigen und oft wiederkommenden Erbrechens, welches endlich auch Zuckungen, die Auszehrung :c. zu Folgen haben kann, ist die von angehäuften Unreinigkeiten im Magen, entstandene, und durch Nahrungsmittel unterhaltene Unverdaulichkeit. Bei Säuglingen kann diese Ursache statt haben, wenn die Milch ihrer Amme zu alt oder verdorben ist :c. die Amme wird mit einer tauglichern verwechselt, oder das Kind ohne Brust erzogen. Gerinnt die Milch oder das

das Mus im Magen, so geben die mit geronnener Milch vermischte und grüne Stuhlgänge, der saure Geruch des weggebrochenen u. ſ. w. es zu erkennen. Man giebt zufördersſt dem Kinde ein Kliſtier und wenn dieſes gewürkt hat von N. 3. einige Kaffeelöffelgen voll. Weniger zu eſſen, und insbeſondere Mus gegeben, und bei jedem Eſſen eine Meſſerſpitze voll von N. 4. in dem letzten Löffel voll Brey gereicht, wird am beſten dieſe Urſache des Erbrechen heben können. Will die Mama ihrem lieben kleinen täglich ein paar mal etwas Muskatennußbalſam in das Herzgrüblein einreiben, ſo kann ich es wohl leiden; ſie wird dadurch beruhiget, und ich hoffe für die Zukunft mehrere Aufmerkſamkeit.

Kommt ein ſaures Erbrechen bei ältern Kindern vor, ſo haben ſie Milch oder Milchſpeiſen, und ſaure Dinge Bier, Wein, Limonade, Obſt ꝛc. unter einander zu eſſen bekommen. N. 1. als Getränke und N. 4. alle 2-3. Stunden zu einer guten Meſſerſpitze bis 1. Kaffeelöffelgen voll nach Maaßgabe des Alters, werden hinlängliche Stuhlgänge machen, und ſo die Krankheit heben. Bei einem faulichten Erbrechen wobei es den Kindern wie faule Eyer aus dem Munde riechet, läßt man ſie Waſſer mit Zitronenſaft und Zucker, das heißt Limonade, trinken, und nach dem Alter alle 2-3. Stunden 1. Kaffeelöffelgen voll von N. 5. pur, oder in Waſſer aufgelöſet, nehmen. Den unangenehmen Odem können Zitronen und Berbersbeeren oder Erzeſenzeltſein verbeſſern.

Ein

Ein Erbrechen von einer Ueberladung mit fetten Speisen, z. B. Pfannenkuchen (Eyerhaber), geröstete Knödel oder Knöpflein, Butterbrod ꝛc. erfodert eine nach dem Alter eingerichtete Gabe von dem Laxiermittel N. 6.

Erbricht ein Kind blos zähen dicken Schleim, welcher von Ueberladung mit Brod und Mehlspeisen entstanden und sich im Magen angehäuft, so giebt man N. 3. alle Stunden 1. Löffel voll, und hält nach 1 oder 2. mal erfolgtem Erbrechen inn; den folgenden Tag läßt man das nämliche Mittel Kaffeelöffelgen weise nehmen, um abzuführen. Ich weiß aus einer oft wiederholten Erfahrung daß auf diese Art der Schleim am besten weggeschafft, und sowol einer neuen Unverdaulichkeit, als auch der Erzeugung oder vielmehr Entwicklung der Würmer, vorgebauet wird.

Wenn die Speisen unverdaut wieder weggebrochen werden, so hat sie entweder das Kind nicht recht gekauet, oder der Magen ist zu schwach. Man läßt lauwarm Wasser oder Schotten trinken und wenn das Erbrechen aufhöret, von N. 7. alle 2. Stunden ungerüttelt 1. Löffel voll nehmen, und damit einige Tage fortfahren.

Das Erbrechen von einem heftig würkenden Brech- oder Purgiermittel, läßt sich mit warmer Milch, Brühen ꝛc. stillen.

E 4   Von

Von dem Erbrechen bei dem Magen und Keichhusten, Blattern, Masern, von Würmern, zurückgetretenen Ausschlägen, werde ich das Nötige bei diesen Krankheiten erinnern.

Eine obgleich etwas seltene Ursache des Erbrechen, kann eine grosse Furcht oder ein heftiger Schrecken seyn. Warnungen vor diesem Fehler findet man am Beschluß des ersten Theils. Ist aber der Fall da, so suche man den wiedrigen Eindruck, oder den unangenehmen Gegenstand wegzuschaffen, das Kind zu beruhigen und auf andere Dinge aufmerksam zu machen.

Gleichwie von heftigem Erbrechen ein Bruch entstehen kann, so treibt es ihn auch wenn er schon vorhanden ist leicht aus, und ein eingeklemmter Bruch erweckt das heftigste Erbrechen. In solchem Fall sind ein geschickter Arzt und Wundarzt nothwendig.

XII. Kapitel.
Die innerlichen Gichter.

Man nennt diese aus verschiedenen Zufällen zusammengesetzte Krankheit auch die Unruhe, die stillen Gichter u. s. w. Die meisten Kinder sind ihnen in den ersten Wochen ihres Lebens unterworfen. Viele sterben, weil sie an besserer Hilfe versäumt werden, und man alles gethan zu haben glaubt, wenn man einem solchen armen Kinde etwas Veilsäftgen, süß Kirschenwässerlein oder Margrafenpulver u. s. w. gegeben. Ich bitte daher die Aeltern um der Liebe ihrer Kinder willen, daß sie sich mit dieser Krankheit recht genau bekannt machen, und diejenige Heilart anwenden, welche ich durch vielfältige Erfahrungen als die beste befunden, und die ich ihnen angeben werde.

Folgende Zufälle machen die Krankheit känntlich. Die Kinder sehen aus als wenn sie schliefen, ihre Augenlieder aber sind nicht ganz geschlossen, sondern es ist das Weiße vom Auge nach oben zugekehrt zu sehen. Hierzu kommt manchmal eine zitternde Bewegung im Gesichte und an den Lippen, so daß man meynt die Kinder lächeln; und denn sagt man, ich weiß nicht wo, die Engel spielen mit dem Kinde. Dabei sind die Kinder unruhig, fahren schreckhaft zusammen, sobald man sie nur anrührt, oder in der Nähe ein Geräusche macht, und seufzen so denn, öfters schreien sie plötzlich und heftig, krümmen sich und ziehen die Schenkel an den Bauch, der oft groß und mit Winden angefüllt ist, strampfen mit den Füssen; fassen die Brust der Mutter oder Amme begierig, und lassen sie eben so bald wieder fahren. Wenn die Krankheit zunimmt, so siehet das Kind sehr gefährlich und tödlich aus, und man besorgt der Odem möchte ihm alle Augenblicke ganz ausbleiben. Manchmal schaffen einige oben abgegangene Winde eine Erleichterung, die aber von keiner langen Dauer ist, in dem die Kinder bald wieder in die vorige Schlafsucht fallen. Zuweilen wird auch der Anfall durch ein heftiges Schreien, oder ein Erbrechen von geronnener Milch oder Brey, wobei das Kind wiederwärtig sauer riecht, gehoben. Einige sind dabei verstopft, andere haben wässerigte, sauerriechende Stuhlgänge, welche die Tücher erst nachher grün färben, endlich wird der Stuhlgang selbst grün, und sieht wie gehackte Eyer aus. Auf diese folgt ein Fieber, die Schwämmgen oder Kurvos, und endlich Zuckungen oder Gichter. Manchmal erfolgen sie auch in einer andern Ordnung. Lauft es unglücklich ab, so machen die Gichter und ein Schlag dem Leben ein Ende.

Die Ursache der innerlichen Gichter ist eine grosse Säure in dem Magen, welche sich auch durch die sauerriechenden und grünen Ausleerungen zu erkennen giebt: durch sie gerinnt auch die Milch und der Brey; und die Krämpfe welche sie verursachet, theilen sich durch die Mitleidenheit der Nerven dem Gesichte mit.

Eine Nebenursache der Krankheit, scheint mir, insbesondere hier, die mit dem Schlotzer oder Nolter und dem sogenannten Lämmlein eingesogene Luft zu seyn. Die Krankheit wird unterhalten und begünstigt, wenn die Kinder nicht reinlich genug gehalten werden; wenn man sie zum Essen gleichsam zwingt, ungeachtet sie durch ihr Betragen und durch das Erbrechen die Warterinn überzeugen, daß sie keine Nahrungsmittel nötig haben, u. s. w. Kommt nun noch der Gebrauch betäubender und schlafmachender Mittel hinzu, welchen unvorsichtige oder boßhafte Wärterinnen anwenden, um sich und
dem

dem Kinde Ruhe zu verschaffen, so ist der Kranke gewiß meistens verlohren.

Die Heilart ist sehr leichte und einfach. Die schon in dem ersten Theil angegebne Regeln in Ansehung des Verhaltens, sind so wol zur Vorbauung als auch zur Kur unumgänglich nothwendig. Man lasse, um sie kurz zu wiederholen, die Kinder nicht naß liegen, sondern gebe ihnen fleissig trockene Tücher und Windeln; man wickle sie auch nie zu fest; reibe ihren untern Leib fleissig mit der blossen Hand oder einem zarten Tuch; lege sie endlich niemal nach dem sie gestillt oder gespeiset worden, eher in die Wiege bis sie durch das Aufstossen viele Blähungen loß geworden; welches man dadurch befördern kann, wenn man ihnen das inwendige der Hand reibt, oder sie gelinde in Rücken schlägt. Wird ein Kind gesäuget, so muß sich die Mutter oder Amme vorzüglich für Aergerniß und Erkältung hüten; ferner mehr von Fleisch, Reiß, Habergrütze ꝛc. ernähren, alle saure Speisen und Getränke vermeiden, und täglich einige mal ein Kaffeelöffelgen voll Magnesia nehmen, um so wohl selbst gehörigen Stuhlgang zu haben, als auch den Abgang desselben bei dem Säugling zu befördern. Geniesset das Kind andere Nahrungsmittel, so müssen sie sparsam und ja nicht oft gegeben werden, und insbesondere aus sehr dünnen Reiß und Gerstensuppen, oder auch nur den Schleim davon, bestehen.

Hat das Kind Verstopfung so wird es so bald als möglich klistiert, und das Klistieren muß nach

Umständen täglich ein oder zwei mal wiederholet werden. So bald die Würkung des Klistiers vorbei, so giebt man von N. 3. Kaffeelöffelgen weise alle halbe Stunden, bis das Kind sich einmal erbrochen. Auf diese Art kann man zwei bis drei Tage fortfahren. Hierauf fängt man an bei jedem Essen, oder auch in der Milch, täglich 2 bis 3 mal eine Messerspitze voll von N. 4. zu geben, und hält damit an bis die Stuhlgänge nicht mehr grün oder gehackt abgehen, sondern eine natürliche Farbe bekommen. Hat das Kind einen Durchfall, so nimmt man zum Klistier nur Wasser und Milch und giebt es Liuwarm, übrigens verführet man eben so wie vorhin gedacht worden mit N. 3 und 4.

Sollte die Krankheit nicht nachlassen, so kann ein Arzt wenn sie heftig und Gefahr drohet die Zinkblumen, den Mohnsaft u. s. w. verordnen. Ersteres Mittel kann ich aus eigenen Versuchen als ein wichtiges Mittel empfehlen. Ich darf auch nicht vergessen anzuzeigen, daß nach vorhergegangenem Brechmittel, der zu Pulver gestossene Anissaamen zu 1 bis 2 Messerspitzen voll im Brey gegeben, sehr gute Dienste leiste, in dem er die Winde abführet und den Stuhlgang befördert. Auch in einigen Fällen wo alle Hofnung schiene verlohren zu seyn, hat ein lauwarmes Bad die Kranken erhalten.

XIII. Ra-

XIII. Kapitel.

Der Kinnbackenkrampf.

Diese Krankheit welche auch unter den Namen Wangenschnürgen, Mundklemme bekannt ist, ergreifft gewöhnlich die Kinder in den ersten Tagen ihres Lebens, selten ältere. Sie fängt sich mit einer wiedernatürlichen Mattigkeit an, das Kind jähnt, bei manchen bemerkt man ein Murren in den Gedärmen, öfter doch nicht immer, ist der Bauch geschwollen, endlich erfolgt nach einigen Stunden eine krampfhafte Zusammenziehung der Muskeln des Unterkiefers oder Kinnbacken, welcher gegen den obern so fest und unbeweglich zu gezogen wird, daß man den Mund mit keiner Gewalt öfnen kann. Das Kind liegt ruhig, die Farbe im Gesicht ist matt und blaßgelb: die Augen sind wie gebrochen. Bei dem Einathmen wird die Brust sehr hoch in die Höhe gehoben. Nach einem oder etlichen Tagen erfolgt ein Krampf, wobei der Kopf rückwärts gezogen wird, die Aerzte nennen ihn die Rückenstarre, und das Kind stirbt gewöhnlich in einem Anfalle derselben.

Die gewöhnlichsten Ursachen dieses tödtlichen Uebels sind, die vernachläßigte Abführung des Erbkots; Fehler die die Kindbetterinn gleich nach der Entbindung in Speisen begeht: ferner, wenn sie dem Kind gleich nach einem gehabten Schrecken zu trinken giebt; und dieses ist eine der gemeinsten: endlich kann auch das zu feste Einwindeln mit schuld seyn.

seyn. Die Krankheit läßt sich nur im Anfange, und dieses ist auch selten, durch Brechmittel und Klistiere heben. Ist der Kinnbackenkrampf schon da, oder hat er schon einige Stunden gedauret, so können Klistiere gegeben werden mit stinkendem Asand und Mohnsaft, und von diesem eine sehr dünne Auflösung mit einer Spritze in den Mund einzuspritzen, denn das Kind kann doch manchmal noch schlingen, von einem Arzt verordnet werden. Ein lauwarmes Bad kann ebenfalls nützlich seyn. Ich habe schon in dem 2ten Kapitel des ersten Theils gesagt, was die Säugende zu thun, um solche gefährliche Folgen zu verhindern.

XIV. Kapitel.

Zuckungen oder Gichter. Fallende Sucht.

Sehr fürchterlich traurig, als schmerzhaft und gefährlich, ist die Lage in der sich ein Kind befindet, welches Gichter bekommt. Seine Augen sehen starr aus, oder werden mit einer Heftigkeit und Geschwindigkeit verdrehet, der Mund gewaltsam nach einer Seite gezogen, oder zusammen gebissen, und es stehet Schaum oder Schleim vor demselben; die untere Kinnlade zittert, der Kopf wird in die Höhe geworffen, oder vor oder rückwärts gezogen, die Brust in die Höhe gehoben, und alle Glieder des Körpers werden wiedernatürlich und krampfhaft bewegt. Siehet das Kind dabei im Gesichte blau aus, schlägt es die Daumen ein, und, welches das wahre Unterscheidungszeichen

chen ist, ist es sich seiner ganz unbewußt, so nennt man es die Fallsucht. Diese unterscheidet sich von den Gichtern auch oft noch durch folgendes Merkmal, daß sie sich zu gewissen Zeiten und Stunden, insbesondere bei dem Mondwechsel wieder einfindet; dahingegen die Gichter meistens nur in einem einzelnen Anfall bestehen, der freilich so oft wieder kommt, als die Ursache die ihn hervorbringt, in dem Körper vorhanden oder würksam ist. Wann ein solcher Anfall vorbei ist, so fällt das Kind gewöhnlich in einen tiefen Schlaf, von dem es wenn es gut gehet, endlich wieder erwachet, und sich nach und nach wieder erholet: ist aber ein tieffer Schlaf mit einem Röcheln auf der Brust zugegen, so stirbt der Kranke.

Die Kurart wird zwar nach den verschiedenen Ursachen der Krankheit eingerichtet; diejenige aber welche während dem Anfall anzuwenden, ist fast bei allen gleich, und wo auch eine Ausnahme statt haben sollte, wird die weitere Ausführung und genauere Bestimmung, die zu machende Veränderung lehren.

In dem Anfall selbst bespritzen einige das Kind mit Wasser, oder giessen ihm kaltes Wasser über das Gesicht, und diese Gewonheit ist nicht nur unschädlich, sondern öfters von so gutem Erfolge, daß so gleich die Zuckungen nachlassen. Ein in Essig oder warmen Wein, oder Kampfergeist eingetauchtes und um den Unterleib geschlagenes Tuch, ist ebenfalls nützlich. Wenn man bei der Ankunft des Anfalls ein plattes Stückgen Holz oder Helfenbein,

bein, aber ja kein Metall, zwischen die Zähne bringt, so dienet dasselbe dazu, daß sich das Kind nicht in die Zunge beissen und auch die Zähne nicht verletzen kann; überdieß kann es uns noch den Vortheil verschaffen, daß wir dem Kinde eine flüssige Materie in den Mund bringen, oder auch mit einer in Oel getauchten Federspule ihm einen Reiz zum Erbrechen in den Schlund erwecken können.

So gut alle diese Anstalten sind, so gefährlich können andere, die man ebenfalls unternimmt, werden. Dahin gehören das sogenannte Ausbrechen der Daumen, welches gewiß schon manchmal eine Verrenkung derselben nach sich gezogen hat; das starke Halten des Kopfs und der Glieder, welches ebenfalls sehr überflüssig ist, wenn das Kind auf dem Bette liegt, und man nur die Vorsichtigkeit hat zu verhindern, daß es sich nicht durch einen Stoß oder Schlag am Kopfe oder den Gliedern verletzen kann: endlich auch das Niederdrücken der Brust, wenn sie sehr hoch in die Höhe getrieben wird. Für allen diesen überflüssigen und schädlichen Vorkehrungen, will ich meine Leser ernstlich gewarnt haben.

Wenn von Arztneimitteln die Rede ist, so sind wohl die besten, welche so wohl den Anfall verkürzen, als auch zur Genesung des Kranken dienen, das N. 3, welches Kaffee- oder Kinderlöffelgen weise bis zur Würkung gegeben wird, wenn das Kind noch schlucken kann, und die Klistiere.

Nun

Nun komme ich auf die besondere Ursachen und ihre Heilart. Zuckungen von zurückgebliebenem Erbkot erfordern, die im IX. Kapitel angezeigten Mittel.

Sind sie eine Folge der innerlichen Gichter, so hat die im XII. Kapitel vorgeschlagene Heilmethode statt. Erfolgen sie bei dem Säugling, wenn die Mutter oder Amme nach einem heftigen Zorn oder Schrecken gesäuget, so wird nach Anzeige des XIII. Kapitel verfahren. Wie Zuckungen bei schwerem Zahnen zu heben, lehrt das XXIII. Kapitel.

Wenn vor dem Ausbruch der Blattern, Masern ꝛc. Zuckungen erfolgen, so sind sie ein Zeichen, daß die Krankheit einen guten Ausgang gewinnen werde, und alles was man während oder gleich nach dem Anfall thun kann ist, daß man den Kranken in ein warmes Bad sezt, ihn einige Minuten darinn läßt, hierauf abtrocknet, in ein warmes Bette bringt, und seine Glieder reibt. Der Erfolg ist fast allemal erwünscht.

Sehr oft bringen vertrocknete Geschwüre, zurückgetrettene oder durch Schmierkuren zur Unzeit geheilte Ausschläge, Krätze u. s. w. Zuckungen und die Fallsucht zu wege. Erkältungen oder äuserliche Bleisalben oder Quecksilbermittel, sind die gewöhnliche Ursachen. Diese suche man also zu meiden und hingegen Bäder und Blasenpflaster, und innerlich den Schwefel nach der Vorschrifft eines Arztes zu gebrauchen.

F Ent-

Entstehen Zuckungen oder die Fallsucht von heftigem Schrecken, welcher kleine so wol als gröſſere Kinder betreffen kann, so unternimmt man in dem Anfall nichts als das Kliſtieren. Nachhero kann ein Arzt eine dem Alter angemeſſene Gabe von einer Auflöſung des Mohnſafts geben: oft iſt eine groſſe nötig. Uebrigens muß der Gegenſtand des Schreckens aus dem Wege geräumt und das Kind auf andere ihm angenehme Gegenſtände aufmerkſam gemacht werden. Es wäre ſehr zu wünſchen, daß Fallſüchtige nie alleine auf öffentlicher Straſſe ſich zeigten, in dem ſchon hinlängliche Beweiſe vorhanden, daß der Anblick derſelben, wärend dem Anfall, einen ſolchen Eindruck machen kann, daß auch andere fallſüchtig werden. Boerhaav's Geſchichte von den fallſüchtigen Waiſenkindern iſt bekannt, und eben ſo lehrreich iſt ſeine Heilart welche er dadurch zu ſtande brachte, daß er ihnen drohete, das erſte welches fallen würde, mit den zu dem Ende ins Zimmer gebrachten gluenden Hacken zu brennen.

Sind Würmer die Urſache der Zuckungen oder Fallſucht, ſo wird im Anfall ein Kliſtier allein von warmer Milch, und wenn das Kind verſtopft ſeyn ſollte, mit einem Zuſatz von Salz gegeben; deßgleichen warme Ochſengalle auf den Unterleib eingerieben. Nach dem Anfall giebt man Wurmmittel.

Zuckungen von Steinbeſchwerden erfordern im Anfall zu erſt ein Kliſtier von Milch und Oel, nachher von Oel allein, Ueberſchläge auf die Schaamgegend von Leinkuchen, oder einen in Milch gekochten ausgewundenen und warm aufgelegten Rück Garn, welche immer wechselweise warm aufzulegen; endlich auch ein Bad. Die übrige Behandlung muß dem Arzte überlassen werden.

Manchmal schreiben sich die Zuckungen von Arztneien her. Es giebt unvorsichtige und auch boßhafte Ammen und Wärterinnen, die um sich Ruhe zu verschaffen dem unruhigen Kinde, Theriack, Methridat und andere dergleichen Arztneien, welche Mohnsaft enthalten, eingeben, und durch solche gewiß allemal in der Hand solcher Leute schädliche Mittel, zwar Schlaf zu wege bringen, aber auch oft das Kind in Zuckungen stürzen, oder ihm gar das Leben rauben, in dem es durch ein solches Mittel in einen ewigen Schlaf übergehen kann. Wenn diese Ursache entdeckt wird, so wird man sich bemühen müssen, das Kind mit einer in Oel getauchten Feder im Schlund zu kützeln und ein Erbrechen zu erregen; ferner ein Klistier mit Salz geben, die Füsse reiben, Senfüberschläge N. 8. auf die Waden legen, um den Körper in warmen Essig getauchte Tücher überzuschlagen, und endlich auch ein paar Blutigel hinter die Ohren zu setzen. Bei ältern Kindern, welche aus Unwissenheit giftige Beere des Nachtschatten 2c. genossen haben, und darauf in Zuckungen verfallen, giebt man N. 3. Löffelweise bis sie sich erbrechen, wiederholte Klistiere, und Weinessig zu trinken so viel sie können und wollen.

Folgen Zuckungen auf heftige Ausleerungen durch das Erbrechen und Purgieren so sucht man diese

diese zu stillen. Man sehe das XI. und XVI. Kapitel nach.

Ich übergehe andere Arten, die leicht mit der Behandlung in dem Fall zu heben, oder in das chirurgische Fach gehören, wenn z. B. nach Quetschungen während der Geburt, oder nach einem Fall oder Schlag oder einer äuserlichen Verletzung Zuckungen erfolgen, oder unheilbar sind: zu diesen gehören die Zuckungen von innerlichem Wasserkopf, und die angeerbte Fallsucht u. s. w.

Aus dem was ich bis hieher von den verschiedenen Ursachen und ihren Heilarten gesagt habe erhellet, daß es vorzüglich auf eine genaue Untersuchung und Erkänntniß derselben ankomme, wenn die Wahl der Hilfsmittel gut ausfallen und gehörig angewendet werden soll. Das Alter, die Lebensordnung, die Umstände des Kranken ꝛc. müssen daher genau erwogen werden; nicht weniger die Zwischenzeit der Anfälle, die Endigung eines Anfalls mit Erbrechen oder Stuhlgang u. s. w. Auf alle diese Dinge müssen die Aeltern und Wärterinnen aufmerksam seyn, um dem fragenden Arzt gehörige Antwort geben zu können, auf welche er sein Urtheil gründet, und darnach seine Vorschläge und Kurart einrichtet. Freilich fallen einige Ursachen sehr leicht in die Augen, bei andern aber wird auch ein denkender Arzt doch alle seine Beobachtungskunst anwenden müssen, und auch denn kann er noch irren.

Wie

Wie wenig also auf die so genannten specifischen Mittel zu halten, läßt sich hieraus sehr leicht einsehen. Man kann auch die gewöhnlichen Angehängsel von Eisenkraut, Schrecksteinen ꝛc. und den Gebrauch der Elendsklauen, Pbonienwurzel, Menschenhirnschädel, und andere dergleichen Mittel gar wol entbehren: und ich hoffe daß es keine Aerzte mehr gibt, die solchen Plunder ihren Kranken rathen. Aber ich wünschte auch, daß die neuern specifischen Mittel nicht gebraucht würden, ausser wenn die Anzeigen es erfordern, und die allgemeinen Mittel schon vorhergegangen, und gehörig und lange genug gebraucht worden. Nur alsdenn könne die Fieberrinde, Baldrianwurzel, Zinkblumen, der Vitriolgeist, Kampfer, Bisam, stinkender Asand, die Ochsengalle, die kalten Bäder u. s. w. unter einer guten Leitung, vortreffliche Dienste thun.

XV. Kapitel.

Die Gelbsucht.

Kinder die gelbsüchtig gebohren werden kommen meistens tod zur Welt. Die Gelbsucht erscheint gewöhnlich den 3 oder 4ten Tag nach der Geburt, das Kind wird gelb und braun und das Weisse im Aug siehet ebenfalls gelb aus.

Eine gewöhnliche Ursache derselben ist das Mutterpech, von welchem ich in dem IX. Kapitel handelte.

Eine andere Ursache ist die Vernachläßigung des Handgriffs vor der Unterbindung der Nabelschnure das Blut auszudrücken, dessen ich in dem I. Kapitel des ersten Theils Meldung gethan. Nach den neuesten Erfahrungen ist dieser Kunstgriff um so nöthiger und wichtiger, je gewisser es ist daß diese und viele andere Krankheiten, durch denselben können verhütet oder wenigstens vermindert werden.

Die dritte Ursache ist eine Ueberladung mit Milch und Mehlbrey. Das Erbrechen der geronnenen Milch, welches das Kind sehr erleichtert, zeiget uns den Weg zur Behandlung. Wenn man dem Kind wenig zu essen und N. 1. zum Getränke giebt, 2-3. Tage hintereinander N. 3. Kaffeelöffelgenweise bis es sich erbricht, beybringt, und nachher mit N. 4. oder bloßer Magnesia abführet, so ist die Krankheit gehoben.

Ich habe in dem II. Kapitel des ersten Theils gewarnet, das Kind nach einem Schrecken oder Zorn an die Brust zu legen; sollte es aber geschehen seyn und das Kind würde darnach gelbsüchtig, so müßte man wie schon gedacht verfahren.

Klistiere und warme Bäder sind in dieser Krankheit ebenfalls von vorzüglichem Nutzen.

Bei grössern Kindern verräth sich die Gelbsucht nicht nur auf der Haut und in den Augen, sondern es schmeckt ihnen auch alles bitter, sie haben Eckel und Wiederwillen gegen die Speisen, klagen über einen

einen drückenden Schmerz in der rechten Seite, an den untern Rippen, ihr Unterleib ist oft verstopft, mit Winden angefüllt, der Stuhlgang weiß, und der dicke gelbe Harn, welcher Leinwand und Papier färbt, läßt einen ziegelfarbigten Bodensatz fallen.

Die gemeinste Ursache ist eine Ueberladung des Magens mit vielen und unverdaulichen Speisen. Wer die Freßbegierde der meisten Kinder kennt, wer ihre Neigung zu Näschereien, Mehlspeisen, Pfannkuchen (Eyerhaber), und insbesondere zum weichen Rockenbrod weißt, wer so zusieht wie sie alles ohne recht zu käuen mit Begierde verschlingen, der wird leichte einsehen, daß ihr Magen leiden muß. Wirklich habe ich schon einmal allein von häufigem Rockenbrodessen die Gelbsucht entstehen sehen.

Die Kur. Da gewöhnlich die Kranken einen Eckel und Erbrechen haben, so läßt man sie keine oder nur sehr wenig Speise geniessen, aber von N. 1. lau oder kalt so viel sie wollen trinken; oder man kann ihnen auch Wasser mit Honig erlauben. Von N. 3. nehmen sie alle Stund 1. Löffel voll bis Erbrechen erfolgt ist: den Tag darauf kann es alle 3. Stunden ein mal genommen werden. Sollte es nur immer über sich würken, so sezt man aus, und giebt dagegen von N. 5. alle 2. Stunden 1-2. Kaffeelöffelgen voll nach dem Maaß des Alters, um den Stuhlgang zu befördern. Spüret der Kranke eine Erleichterung und hat Lust zum Essen, so kann man ihm (weichgesottene Eyer) dünne Brühen von

F 4   Fleisch,

Fleisch, Gerste, Reiß, Hafergrütze ꝛc. erlauben. Läßt auch der Schmerz in der rechten Seite nach, so muß sich der Kranke doch in der Wärme halten, und um die Ausdünstung zu erhalten und die Ueberbleibsel der Krankheit weg zu schaffen, einen Hollunder- oder Schaafgarbenthee trinken. Will aber die Verdauung nicht gehörig von statten gehen, so weiß ich kein besser Mittel vorzuschlagen, als N. 7., alle 2-3. Stunden zu 1. Löffel voll.

Eine Gelbsucht nach heftigem Erbrechen, Purgieren oder von Würmern legt sich nach Wegräumung dieser Ursachen. Alle andere Arten müssen der Beurtheilung und Behandlung eines Arztes überlassen werden. Ich will nur noch warnen sich mit specifischen Mitteln nicht aufzuhalten. Safran, Dukaten angehängt, oder darüber getrunken, werden so wenig nützen, als der in einer Schweinsblase in das Kamin aufgehangene Urin des Kranken. Von den Dukaten hätte ich bald vergessen zu sagen, daß sie notwendig erblich an den Kranken gekommen seyn müssen, wenn sie helfen sollen.

XVI. Kapitel.
Von dem Durchfall.

Leibweh, Reissen, Durchlauf, sind die Namen deren sich der gemeine Mann bedient, wenn er vom Durchfall spricht. Säuglinge und zarte Kinder bekommen öfters häufige, wäßrigte oder gehackte, grüne Stulgänge mit Unruhe und den stillen Gichtern begleitet. Weil die Ursache die nämliche, so ist auch die Heilart die im XII. Kapitel angegebene. Man darf sich auch für den Brechmitteln nicht fürchten. Ich kann versichern daß ich durch ein oder zweimal wiederholten Gebrauch, selbst solche Kinder an Durchfällen geheilet habe, die äuserst elend wären.

Der Durchfall bei der Zahnarbeit ist heilsam und darf so lange die Kräfte nicht sehr geschwächt werden, nicht angehalten werden.

Wie der, welcher bei den Schwämmgen, Blattern Masern ꝛc. als ein Zufall erscheint zu behandlen, werde ich bei diesen Krankheiten Anleitung geben.

Ein von Steinbeschwerden bei kleinen herrührender Durchfall, welchen das Sand auf den Windeln und die un XXX. Kapitel angezeigten Zufälle zu erkennen geben, wird mit einem warmen Bad und einigen Gaben von Mohnsaftmitteln, die aber ein Arzt verordnen muß, gehoben.

Bei einem von Erkältung entstandenen, helfen einige Schaalen Hollunderblütethee, und das warme Bette.

Die heftige Würkung der Purgiermittel hält man mit warmer Milch, fetten Suppen u. s. w. ein.

Da die Kinder im Essen und Trinken selten Maaß und Ordnung zu halten wissen, und noch über dieß durch andere oft wider ihren Willen zu Unordnungen verleitet werden, so bekommen sie öfters Unverdaulichkeit und Durchfälle.

Sie sind glücklich wenn die Ueberladung des Magens ihnen sogleich Eckel, Erbrechen und Durchfall verursachet, und in diesem Fall wird N. 3. Kaffeelöffelgen oder Löffelweise nach dem Alter gegeben, die beste Hilfe leisten, und die Krankheit in ihrem Ursprung ersticken. Ist aber kein Eckel sondern Schmerzen im Bauch und ein Poltern von Winden vorhanden, so wird ein Klistier und N. 4. eine Messerspitze voll öfters gegeben dienlich seyn. Bei einem Stuhlzwang ist ein Klistier ebenfalls das beste Mittel.

Wenn aber die vorhergehende Diät, der Abgang der Materien, ihre Farbe, Geruch u. s. w. die Art der Unverdaulichkeit, welche den Durchfall erzeugt zu erkennen geben, so wird die Kur eben so wie im IX. Kapitel bei dem Erbrechen eingerichtet. Ein Durchfall von einer sauern Schärfe wird mit N. 4. gehoben. Haben die Stuhlgänge einen faulichten Geruch, so verfährt man wie bei dem faulichten Erbrechen. Sind sie von grüngelber Farbe, und hat das Kind sich oft mit Pasteten, Pfannenkuchen rc. überladen, so gebraucht man eine Gabe von N. 6. nach dem Alter, wiederholt sie wenn es nöthig nach einigen Tagen, hält eine sparsame Lebensordnung, und wenn das

Kind

Kind eine Stärkung des Magens nötig hat, so läßt man N. 7. alle 2-3. Stunden zu 1. Löffel voll nehmen, und 1. oder 2. Tage fortfahren.

Ich weiß wohl daß man bei jedem Durchfall ohne auf die Umstände zu sehen, stopfende Mittel, dergleichen gedörrte Heidelbeere, Theriack, rother Wein, hart gekochte Eyer u. s. w. sind, zu gebrauchen die Gewohnheit hat; wie schädlich aber solche Mittel, davon geben ihre Folgen den besten Beweiß ab. Kaum ist ein Durchfall gestopft so bekomt der Kranke Hitze, Kopfschmerzen, Eckel oder Wiederwillen gegen die Speisen, und andere Zufälle; und nun muß die Krankheitsmaterie erst von neuem wieder ausgeführet werden. Ich glaube man darf einen Durchfall nur alsdenn stillen, wenn hinlängliche Ausleerungen vorhergegangen, der Kranke keine Schmerzen hat, sich wohl befindet, aber doch wegen anhaltenden Ausführungen von Kräften kommt.

Es giebt eine Art eines solchen Durchfalls bei welchem weder Unverdaulichkeit, noch Schmerzen vorhanden, die Kinder aber entkräftet sind. Oft ist er bei Armen die Folge eines andern, welcher versäumt worden. Hier thun Suppen und Breye von gemalenem oder gestoßenem Reiß mit ein bißgen Zimmet und Zucker, und zum Getränke mit Eisen abgelöschtes Wasser oder mit Zimmet abgekochtes, mehr als Arzneien.

Wenn

Wenn aber ein Kummer oder Mißgunst die Ursache, so helfen Arztneien nichts, und moralische Mittel würken äuserst langsam.

Oft gehen bei langwierigen Durchfällen die Speisen halb oder ganz unverdauet fort. Die Mußkatennuß ist das gewönliche Mittel; man schabet sie auf das Bier, bringt sie an Suppen, giebt sie in Wein, und endlich auch mit Eyern. Ich habe N. 7. einigemal mit Nutzen gebraucht. Die Umstände müssen die genauere Behandlungsart bestimmen. Die Galle, Quassia und Eisenmittel, können nach Umständen ebenfalls zweckmässig seyn.

XVII. Kapitel.
Vorfall des Mastdarms.

Wenn der Mastdarm aus der Oefnung des Afters mehr oder weniger mit seinen umgekehrten Häuten in Gestalt einer Wurst heraushängt, so nennen es die Leute das Ausfallen des Mastdarms; besser Vorfall.

Heftiges Schreien, Erbrechen, Durchfall, hartnäckige Verstopfung u. s. w. veranlassen diesen Fehler, der oft zur Gewonheit wird, oft sich auch wieder mit den Jahren verlieret. Ich habe schon in dem ersten Theile 2. Abschn. IV. Kapitel von der Schädlichkeit der Kinderstühlgen gesprochen; sie geben auch zu diesem Fehler Anlaß, wenn man sich aber solcher bedienet, die so hoch sind, daß die Füsse se von dem Kinde nicht können aufgestellt werden, so können sie ihn verhüten.

Die Kurmethode ist folgende: man legt das Kind auf den Bauch, und mit dem Kopfe niedrig, und bringt den mit Oel eingesalbten Mastdarm zurücke, in dem man mit den Fingern gelinde nachschiebt. Man streuet oft mit grossem Nutzen fein gepulverten Mastix auf. Ist aber der Darm schon so sehr angeschwollen, daß er nicht zurücke zubringen, so muß man ganz flache Einschnitte machen, und wenn hierauf die Geschwulst fällt, das Einschieben versuchen. Dieses Mittel hilft mehr als alle warme Ueberschläge. Ist er zurücke gebracht, so kann man folgende Mischung zum Einspritzen nach und nach gebrauchen. Man koche 2. Loth Eichenrinde in ¼ Maaß Wasser bis zur Hälfte ein, löse darinn 1. Quentgen Alaun auf, seihe es durch ein Tuch und setze ein paar Löffel voll rothen Wein zu. Auch blosses Wasser mit ein wenig Essig, kann kalt eingesprützt werden. Uebrigens ist es nöthig, daß solche Kinder immer losen Leib haben, um Rückfälle zu verhüten.

XVIII. Kapitel.

Das Bluten aus der Nabelschnure. Entzündung und Geschwür des Nabels.

Wenn man die gleich im Anfange dieser Schrift gegebene Regeln, in Ansehung des Unterbindens, und der Behandlung der Nabelschnure,

nicht

nicht befolgt, sondern entweder zu leichte verbindet, oder durch ein zu starkes Binden die Nabelschnure halb entzwei schneidet, oder durch Ziehen vor der Zeit abreisset, oder sonsten auf eine unschickliche Art behandelt, so werden die eben gedachten Fehler entstehen. Ist der Verband an dem Bluten der Nabelschnüre schuld, so wird ein neuer, es am besten stillen. Ist das Bluten gering, so läßt es sich leicht mit einem in Essig oder Brandwein getauchten Läppgen welches man aufbindet, stillen. Ein starkes Bluten stillet der Zunderschwamm, man muß ihn aber so lange mit dem Finger auf der Ader halten, biß der Zweck erreicht ist, denn kann man noch ein Bäuschgen auflegen und den Verband machen.

Die Entzündung entstehet von den nämlichen Ursachen, und läßt sich oft zertheilen, wann man mit N. 9. Läppgen anfeuchtet und fleissig überlegt. Gehet sie aber in Eiterung oder Geschwür über, welches sich durch eine rothe, erhabene und schmerzhafte Geschwulst zu erkennen giebt, so mischt man Brodgrumen oder Mehl und Honig und etwas Safran zusammen, streicht es auf Leinwand und legt es auf. Bricht darauf das Geschwür, so wird es fleissig gereiniget, mit Leinwandfasern versehen, und mit dem Froschleichpflaster zur Heilung gebracht. Solche Geschwüre können auch bei ältern Kindern wiewohl sehr selten erscheinen; sind aber meistens alsdenn von tödlichem Ausgang.

Wollte nach dem Abfallen des Nabels die kleine Wunde schwer heilen, und es zeigte sich eine Art

von

von schwammigten oder wildem Fleisch, so wäre es rathsam solches durch einen Wundarzt mit dem Höllenstein wegätzen, und bis zur Heilung gebörig behandlen zu lassen. Nicht so sicher ist der Gebrauch des gebranten Alauns.

XIX. Kapitel.
Die Geschwüre der Brustwarzen.

Entstehen entweder durch die Stockung der milchartigen Feuchtigkeit in den Brüsten der Neugebohrnen, oder werden durch den Druck der Hebamme, in dem sie sich bemühet diese Feuchtigkeit aus den Wärzgen auszudrücken, und diese zugleich herauszuziehen herfürgebracht. Die Ursache mag seyn welche sie will, es entstehet eine Röthe und schmerzhafte Geschwulst, die in Eiterung übergeht, und entweder von selbst aufbricht, oder wenn man sie mit einem solchen Ueberschlag wie ich im vorhergehenden Kapitel angegeben habe, behandelt, oder wenn dieses nicht geht mit der Lanzette neben oder unter der Warze öfnet. Die übrige Behandlung ist die nämliche wie bei dem Nabelgeschwüre.

XX. Kapitel.
Verschiedene Augenkrankheiten.

Ich habe bei Neugebohrnen die Augen verschwollen, das Weisse mit Blut unterlauffen, und Thränen, auch wol eine weisse eiterhafte Materie aus den selben ausfliessen gesehen. Ich befahl die

Kinder vor aller Erkältung in Acht zu nehmen und warm zu halten; ließ fleissig Klistiere geben, und mit einem in N. 9. getauchten Schwamm die Augen öfters auswaschen. Auf diese Art hob' ich in wenigen Tagen eine Krankheit, welche so gefährlich schiene, daß man glaubte die Augen müßten ausschwären.

Sonsten entstehen Augenentzündungen und andere Augenfehler bei Kindern, vom Zahnen, zurückgetretenen oder übelbehandelten Ausschlägen, bösen Köpfen, Ohrenflüssen ꝛc. als mit welchen sie abzuwechseln pflegen; auch nicht selten nach Blattern und Masern.

Sind die Augen roth, schmerzhaft geschwollen, fliessen häufige Thränen ꝛc. so kann N. 9. als Waschwasser lauwarm fleissig gebraucht werden: oder man nimmt das Weisse von einem Ey und verklopft es in einem glasirten Gefäß mit einem Stück Alaun, so wird eine Salbe daraus, welche auf ein Läpplein gestrichen und täglich einige mal frisch auf die Augen gelegt und zugebunden wird. Ist die Hitze sehr stark und sind Kopfschmerzen zugleich vorhanden, so werden bei etwas ältern Kindern ein paar Blutigel hinter die Ohren gesetzt. N. 8. kann auf eine oder beede Waden mit Nutzen gelegt werden. Jeden 5 oder 6ten Tag giebt man N. 6. nach Maaßgabe der Jahre, um eine desto stärkere Ableitung zu erhalten. Wenn Hautausschläge zurücke gegangen, so wird es nötig seyn bei der Heilart auf ihre Heraustreibung zu denken. Siehe das folgende Kapitel.

xl. Lauwarme Fußbäder vor Schlafengehen gebraucht, und die Füsse nachher trocken abgerieben, sind bei bösen Augen ebenfalls gut. Sollten die Thränen so scharf seyn, daß sie die Wangen wund machten, so schüttet man auf eine beliebige Menge Quittenkerne hinlänglich Wasser, dieses giebt nach und nach einen Schleim, den man durch ein Tüchlein seihen, und die Augen fleissig mit demselben auswaschen kann.

Rothe entzündete Augen, welche von einwärts gewachsenen Haaren der Augenwimpern entstehen, werden nicht eher gut, bis diese Haare ausgezogen worden.

Wenn Flüsse in den Augen von einem einfallenden Lichte oder von einer feuchten Wand, an welcher des Kinds Bett steht, und andern örtlichen Ursachen ihren Ursprung nehmen, so müssen diese zu erst gehoben werden.

Das Triefen der Augen läßt sich durch wiederholte Laxiermittel N. 6. und den Gebrauch der Salbe N. 10. von welcher man Morgens früh und Nachts vor Schlafen, sehr wenig mit einem Pinsel oder dem Finger in die Ränder der Augenlieder einreibt, heben. Mit der nämlichen Salbe kann man auch das sogenannte Gerstenkorn im Anfang zertheilen. Der Schleim der schwarzen Gartenschnecken soll täglich einige mal angebracht, in dem man das Augenlied von dem Schnecken so zufügen

G   mit

mit seinem Schleim überkleistern läßt, in wenig Tagen helfen.

Die Flecken oder Felle auf den Augen vergehen oft allein auf wiederholte Laxiermittel: geschieht es aber nicht, so kann ein geübter Wundarzt ein Pulver aus gleich viel Zucker und Blackfischbein, welches aber sehr fein seyn muß, durch einen sehr engen Rabenkiel täglich ein oder zwei mal einblasen, oder sich anderer gelinden Aezmittel in Wasser oder Salben nach den Regeln der Kunst bedienen.

Bei allen diesen Augenkrankheiten, welche von Flüssen oder Versetzungen entstehen, halte ich für sehr dienlich, die Kur mit Laxiermitteln zu verfolgen, und wenn es möglich am Ende oder auch nachher N. 8. zu wiederholen.

Noch ist das Schielen übrig zu betrachten. Es ist auch ein Augenfehler kleiner Kinder, der selten angebohren, und alsdenn gewiß unverbesserlich ist, öfter durch Gichter oder Zuckungen herfür gebracht wird, und endlich nicht selten entstehen kann, wenn die Helle oder das Licht immer nur von einer Seite und nicht gerade einfällt. Ich habe schon in dem ersten Theile für diesem Fehler gewarnet, und den Vorschlag gethan alles das Kind gerade ansehen zu lassen, und sein Bett oder die Wiege so zu stellen, daß das Licht gerade einfällt. Das von Zuckungen entstandene Schielen, verliehrt sich manchmal noch, wenn es nicht zu lange angehalten. Larven und Nußschalen die man vorzuhängen beliebt, können

nen sicher nichts helfen, sondern schaden vielleicht noch mehr. Der beste Rath aber, den man wenn nur ein Auge leidet geben kann, ist dieser; man binde das gute Auge etliche Monate zu. Auf diese Art wird das Fehlerhafte nach und nach gewöhnt gerade zu sehen.

XXI. Kapitel.
Die Ausschläge.

So gewiß es ist, daß diejenige Kinder welche von gesunden Aeltern gebohren sind, recht reinlich gehalten, fleissig gewaschen und gebadet werden, und niemal zu viel, noch weniger unverdauliche Nahrungsmittel bekommen, weit seltener Ausschlägen unterworffen sind, als andere bey denen das Gegentheil geschiehet, oder welche die Armuth in die elendeste Umstände versetzt: so sicher und in der Erfahrung gegründet ist es auch, daß einige Ausschläge, nach der weisen Einrichtung des Schöpfers, welche bei dem menschlichen Körper statt hat, bei nahe nothwendig, um diese Einrichtung zu erhalten, und als ein heilsames Mittel anzusehen, welches andere Krankheiten vorbauet; und diese werden nicht ohne Gefahr in ihrem Verlauf gestöret: es gehören in diese Klasse der frieselartige Ausschlag, der Ansprung, die Kopfschuppen u s. w. andere werden durch Unreinigkeit herfürgebracht oder unterhalten; unter welche man das fratt werden, die bösen Köpfe ꝛc. zählen kann; und noch andere bringt eine eigene giftartige Materie, oder die Ansteckung zu wege;

wege: unter diese sind die Kräze, der Erbgrind, das venerische Uebel zu rechnen. Ich will sie Stückweise durchgehen, und bey einem jeden sogleich die Heilart anzeigen.

Einige Tage nach der Geburt, manchmal auch später bekommen die Kinder einen purpur oder frieselartigen Ausschlag, der wie halbe Hirsenkörner in der rothen oder gelbrothen Haut aussiehet. Er dauert nicht lange und die Oberhaut schelet sich ab. Man hat in diesem Fall das Kind sorgfältig für Erkältung zu hüten. Sollte aber der Ausschlag durch ein Versehen zurücke treten, und einen Durchfall oder Gichter verursachen, so ist ein lauwarmes Bad das beste Mittel denselben wieder herfürzubringen, und die Ausdünstung zu befördern und zu erhalten.

Auf den Köpfen der Säuglinge oder ganz kleiner Kinder findet man Schuppen oder Kleien, die schichtweise auf und übereinander liegen, davon sich aber die dritte zwischen den Haaren gleichsam schwebend erhält, und leichte durch das Reiben mit einer feinen Bürste oder der Hand abgehet. Man nennt hier zu Lande dieses Uebel, welches aber natürlich und nützlich ist, und nur durch eine ungeschickte Behandlung oder Verwahrlosung böse wird, es mag ein Ausschlag im Gesicht seyn oder nicht, das Neuriß. Die Kinder fangen an zu kratzen, so bald man ihnen den Kopf entblößt und die Hände frei läßt, und es muß ihnen ein Vergnügen machen, weil sie sich gern den Kopf gelinde reiben lassen ken. Ich habe schon in dem I. Abschnitt IV. Kapitel des ersten Theils, das Reiben des Kopfs mit einer weichen Bürste empfolen, und es ist so wol zur Vorbauung als Heilung sehr nützlich. Nehmen die Schuppen sehr zu und verhärten, so kann man Mangold oder Kohlblätter täglich ein oder zwei mal abgewechselt auflegen, oder mit einer Abkochung von weissem Brod und Milch oder blos lauwarmen Schotten oder Molken sie zu erweichen, und allemal eine kleine Portion mit dem Kamm wegzubringen suchen. Diese Art ist die sicherste, dahingegen die gewöhnlich gebräuchliche Mittel gewiß mehr schaden als nützen: denn die Oele, Fetten, Butter u. s. w. erweichen nicht nur die Schuppen nicht, sondern halten die Ausdünstung und den Ausfluß noch mehr auf und treiben ihn zurücke, daß er sich nach den innern Theilen versetzen kann, woraus allerlei schlimme Folgen und selbst der Tod entstehen können.

Der Ansprung ist derjenige Ausschlag, der gewöhnlich in kleinen Blättergen die eine weißgelbe Feuchtigkeit von sich geben und hernach Schorfe oder Grinder bekommen, meistens an den Backen, manchmal auch an der Stirne erscheint, nach und nach auch wol das ganze Gesicht einnimmt, und sich auch auf die übrigen Theile des Körpers erstreckt. Ein solches Kind welches mit diesem Ausschlag behaftet ist, ist sehr unruhig, giebt einen schlimmen sauern Geruch von sich, und wenn der Ausschlag zur Heilung sich wendet, so riecht der Harn wie Katzenurin. Die Krankheit heilet obgleich sehr langsam von selbst;

selbst; und wenn auch das Gesicht noch so voll von Grindern ist, so daß man fast nichts als die Augen sehen kann, so lassen sie doch keine Narben zurücke.

Diese beeden Umstände mögen Warnung genug seyn, mit äuserlichen Mitteln nicht auf eine unbedachtsame Art zu verfahren. Noch mehr aber zeigen die schädliche Folgen derselben ihren Nachtheil. Denn wenn ein solcher Ausschlag nicht recht heraus kommt, oder plötzlich verschwindet, welches ebenfalls von dem Zurücktreiben der übrigen z. B. der bösen Köpfe, der fliessenden oder schwärenden Ohren, der Ausschläge vom Kinn u. s. w. gilt, so entstehen Gichter oder Zuckungen, Brustbeschwerden und Steckflüsse, Durchfälle, Fieber, Schlafsuchten 2c. oder die Krankheitsmaterie wirft sich auf die Augen, die Hautdrüsen am Hals schwellen an, oder sie gehet nach den Krösedrüsen, und der Kranke verfällt in eine Auszehrung und stirbt auf diese Art langsam.

Solchen übeln Folgen kann man manchmal durch ein warmes Bad, worauf man das Kind zu Bette bringt und es reibt, und mit Flanell eingewickelt liegen lässet, desgleichen durch N. 8. auf die Waden, oder welches noch besser durch N. 11. hinter die Ohren, oder wenn diese feucht sind, in Nacken gelegt und gehörig behandelt, zuvorkommen.

Da man gewöhnlich bei fetten und starken Kindern die viele Nahrung bekommen diesen Aus-

schlag

schlag antrifft, so erhellet hieraus die Nothwendigkeit ihnen weniger Nahrung zu geben, und wenn die Amme zu viel oder zu starke Milch haben sollte, sie zu verwechseln, oder statt der Milch N. 1. zu trinken zu geben. Auch hier kann ich die Reinlichkeit nicht genug empfehlen. Sollte das Kind verstopft seyn so wird es klistiert. Hat es einen grünen stinkenden Durchfall so verfahrt man wie im XII. und XVI. Kapitel gelehret worden. Ueberhaupt aber ist es nötig den Arzt zu Rathe zu ziehen, wenn sich das Kind bei dem Ausschlag nicht wohl befindet. Er wird nach den Umständen die Färberröthe, Spießglasarztneien u. s. w. verordnen, gewiß aber niemal oder sehr selten äuserliche Mittel erlauben.

Folgendes specifische Mittel, welches auch ein eingewurzeltes Uebel in kurzer Zeit heilen soll, kann jede Mutter ohne Gefahr ihrem Kinde geben. Nehmet von dem frischen Dreifaltigkeitskraut oder Stiefmütterlein, ohne die Wurzel, Blüthe und Samen, eine Handvoll, kochet es in einem Schoppen oder Nösel Milch, und gebt das durchgeseihte jeden Morgen und Abend zu trinken. Das getrocknete Pulver kann man ebenfalls auf die nämliche Art, oder in Brei zu I. Quentlein geben. Wenn man 8. Tage mit dem Gebrauch dieses Mittels fortgefahren, so kommt der Ausschlag stark heraus, und der Urin stinkt nun wie Katzenurin. Fährt man fort, so fällt in der zweiten Woche der Schorf in grossen Stücken ab, die Haut darunter ist rein. Man fährt doch noch länger fort bis das Gesichte weich

weich und nicht mehr gedunsten ist und der Harn
so wie bei Gesunden beschaffen.

Mit dem Ansprung ist das sogenannte wilde
Feuer hier nennt man es den Rusenbart genau
verwandt; und dieser juckende Ausschlag am Kinn
erscheint, wenn entweder der Kopf trocken, oder
die Halsdrüsen nicht angeschwollen sind. Er kommt
mit dem Zahnen, und hier scheint der beständige
Ausfluß des Speichels ihn zu befördern, hält
bis in das siebende Jahr an, und kommt mit dem
zweiten Zahnen wieder. Manchmal kann ein Kind
blos durch das Berühren ihn von dem andern bekommen.

Es ist ein heilsames Uebel, welches der bei der
Zahnarbeit sich einfindende Durchfall oft hebt, und
gegen welchen äuserlich nichts als blos trockene Leinwandfasern, wenn er stark nässen sollte, innerlich
aber ebenfalls Laxiermittel und Spießglasmittel von
einem Arzte verordnet, zu gebrauchen sind.

Eben so verhält es sich auch mit den fliessenden
oder schwärenden Ohren, so wohl in Ansehung
ihrer Entstehungs- als auch Heilart.

Das fratt oder wund werden. Kinder die
nicht reinlich gehalten und nach der im Anfang dieses Werk's angegebenen Art behandelt werden, bekommen vor oder zur Zeit das Zahnen von der
Schärfe des Schweisses und des Urins, unter den
Achseln, und zwischen den Füssen an den Geburts-
thei-

theilen ꝛc. anfänglich eine Röthe, nachher werden sie wund, und die Schärfe frißt bei vernachläßigter Reinlichkeit so tief ein, daß man das rohe Fleisch sieht, welches in der Vertiefung oft schwarz und brandig wird. Die Kinder schreien dabei beständig und können vor Schmerzen weder schlafen noch essen. Manche mögen auch wohl auf solche Art verwahrloset, gestorben seyn.

Die Heilart erfordert eine pünktliche Wartung und Reinlichkeit. Im Anfang wann die Theile nur roth sind, ist das Bestreuen mit Gürtelkrautstaub oder Hexelmehl hinlänglich. Sind die Theile fratt und wund, so wasche man sie täglich mit lauwarmen Wasser ab, und lege Leinwandfasern auf; solte dieses nicht hinlänglich seyn, so bediene man sich des Mittels N. 9. als Waschwasser. Wenn aber der Schaden brandigt wird und dieses Mittel nicht stark und würksam genug ist, so muß ein Arzt inn und äuserlich die Rinde oder Kinkina verordnen. Der bei dem Frattwerden unter den Leuten so gewöhnliche Gebrauch des Bleiweispulvers, welches sie unter dem Namen blau Papier auflegen oder gar einstreuen, ist nicht sicher.

Ausgeschlagene oder böse Köpfe erfordern täglich fleißig Kämmen und Bürsten, nicht sowohl um die Haare von einander zu halten, und der Jauche oder Materie einen Ausfluß zu verschaffen, als auch das Einnisten des Ungeziefers oder der Läuse zu verhindern. Eine weiche weisse Seife mit etlichen Tropfen Anies- oder Lavendelöl, täglich ein paar mat aufgestrichen, ist nicht nur sehr dienlich den alten Schorf zu erweichen, sondern auch die Läuse zu vertilgen. Petersilgensaamen mit Butter zu einer Salbe gemacht, und einigemal des Tag's auf den Kopf gestrichen, vertreibt die Läuse sehr gut.

Eben dieses geschiehet auch wenn man Sabadillsaamen dem Kinde in die Mütze nähet. Die unter dem Schorf befindlichen rohen Stellen, bestreicht man täglich einigemal mit Eyeröl. Das Abschneiden der Haare ist von grossen Nutzen. Eine sparsame Diät und wiederholte Laxiermittel sind zur Genesung vorzüglich nothwendig. Alle Bleimittel in Wassern und Salben, das Quecksilber, der Schwefel und Arsenick sind gefährlich, und geben zu Augenkrankheiten, Brustbeschwerden u. s. w. Anlaß. Sollte aber durch ein solches äuserlich angebrachtes Mittel, oder von selbst der Kopf zu früh trocknen, und das Kind darauf kränklich werden, so muß man N. 11. in Nacken legen, und wenn es seyn kann das Geschwür von einen Wundarzt einige Wochen unterhalten lassen: oder wenn es geheilet worden wiederholen.

Der Erbgrind ist unter allen Ausschlägen der schlimmste. Ist er nicht erblich, so ist er doch gewiß ansteckend, gewöhnlich sehr langwierig, schwehr zu heilen, und oft von bösen Folgen; manchmal auch venerisch. Wenn er nicht von einem verwahrloseten bösen Kopf, entstanden, sondern durch die Ansteckung, in dem ein Kind des andern welches mit diesem Uebel geplagt ist, seine

Mütze

Mütze oder Hut aufsetzt, fortgepflanzet wird, so fängt er an einzelnen Stellen an, und macht Grinder die wie Kalk oder verdorbener Honig, manchmal auch grau oder grünlich aussehen, und wenn man sie abkratzt eine rothe geschwollene Haut unter sich haben, die leicht anfängt zu bluten: die Stellen werden immer grösser und breiten sich manchmal auch noch weiter auf als die Haare gehen, und die Krusten oder Grinder dicker. Je mehr die Krankheit zunimmt desto unerträglicher wird der Gestank. Auch verlieren sich nach und nach die Haare und es wachsen keine oder selten andere wieder. Das Geschwür frißt unter sich, und es sind Beispiele vorhanden welche beweisen, daß bei einigen selbst die Hirnschaale angefressen worden. Gewöhnlich fängt der Erbgrind mit dem vierten oder fünften Jahre an, und dauert bis in das männliche Alter, oft so gar Zeit Lebens, weil man keine, oder wohl gar eine gefährliche Heilart anwendet.

Zu dieser gehören der Gebrauch der Quecksilber- Operment und Arsenicksalben. Wenn erstere nur Versetzungen in die Augen, auf die Brust ꝛc. welche aber doch auch gefährlich sind, verursachen, so sind die letztere die nemlich von Arsenick, im Stande, das Kind auf der Stelle zu tödten, wie traurige Erfahrungen leider schon gelehret. Unnütze und zugleich grausam ist der Gebrauch der sogenannten Pechkappen; und eine wahre Pein muß das einzelne Ausziehen der Haare verursachen.

Ich

Ich will einen leichtern Weg zur Kur einzuschlagen lehren. Die Alten lobten folgendes Mittel. Man nehme Brunnenkresse, schneide sie klein und zerquetsche sie, hierauf lasse man sie mit einer hinlänglichen Menge Schweinefett in einem neuen glasirten Topf oder Hafen zu einer Salbe einkochen; diese streiche man auf ein Tuch und lasse es 24. Stunden auf dem Kopfe liegen, in welcher Zeit die Krusten oder Grinder so erweicht werden, daß sie abfallen. Fährt man mit diesem Mittel, so versichern uns die Schriftsteller, fleissig fort, so heilet es den Erbgrind ganz.

Man kann bei einem noch nicht eingewurzeltem Uebel, von dem Auflegen und fleissigen Wechsel der guten Heinrichsblätter im Sommer, und im Winter der Kohl und Mangoldblätter sich vieles versprechen. Der Schierling hat so wohl inn als äuserlich gebraucht nebst Laxiermitteln eine wichtige Heilung zustande gebracht, und weitere Versuche unter der Leitung geschickter Aerzte, können seine gute Wirkungen bestätigen und seinen Gebrauch in dieser Krankheit allgemeiner machen.

Das Toskanische Mittel, welches unfehlbar seyn soll, kann weil es leichte zu haben und ohne viele Mühe anzuwenden, versucht werden. Es ist folgendes: Man setze etliche lebendige Kröten in einen gut glasirten und wohl verwahrten oder zugeschlossenen Topf, in einen sehr heissen Ofen, daß sie ganz zu Pulver austrocknen. Den Kopf bestreiche man so denn mit Schweinefett, und auf
die

dieses streue man das Pulver auf. Hierüber
lege man eine feuchte Schweinsblase, und be-
festige alles mit einem Verband. In 24. Stunden, wenn der Verband wieder abgenommen wird,
gehet der Grind ohne Schmerzen loß; und man
hat weiter nichts zu thun, als den Kopf aufs neue
mit Schweinefett ohne das Pulver einzuschmieren
es von Zeit zu Zeit zu wiederhohlen, und den Kopf
gehörig zu bedecken, damit der Zugang der Luft
nicht schade.

Es sind schon viele Jahre verflossen als ich den
ersten Versuch mit Bleimitteln auf den Erbgrind
wagte, und dieser fiele nicht nach Wunsch aus, ich
muß aber frei bekennen, daß ich selbst weil ich nicht
vorsichtig genug war schuld gewesen. Mein Kran-
ker war ein Mädgen von 11. Jahren, und ihr
Grind schon so eingewurzelt, daß der ganze Theil
des Kopfs der mit Haaren bewachsen ist, eine an-
einander hängende grindigte Kruste ausmachte.
Ich ließ ein einziges Laxiermittel vorhergehen, und
ohne an den Gebrauch innerlicher Mittel weiter zu
gedenken, ließ ich mit geriebenem weissem Brod und
Bleiwasser einen Brey zusammenkochen und ihn so
warm es die Kranke leiden konnte dick über den
ganzen grindigten Kopf aufschmieren, und den
Ueberschlag den ich mit einem dünnen Tuch bedecken
liesse, fleissig mit warmen Bleiwasser anfeuchten:
Die Nacht über wurde er etwas trocken, früh aber
da er wieder mit warm gemachten Bleiwasser befeuchtet wurde, gieng er nebst dem grösten Theil
von Schorf herunter, und wenige Stellen hatten

es nöthig daß sie auf die nämliche Art behandelt würden. Den blossen rohen rothen Kopf liesse ich täglich etlichemal mit warmen Bleiwasser abwaschen. Und unter dieser Behandlung wär er in wenig Tagen vollkommen rein. Aber nun erfolgte ein Erbrechen, Durchfall und ein anhaltendes Fieber, und ich hatte Mühe die Kranke zu retten. Dieser Versuch schreckte mich doch nicht ab weitere zu machen; aber ich schrenkte, nach vorhergehendem Gebrauch der Laxiermittel und zugleich gegebenen Spießglasarzneien, den Gebrauch des Bleimittels nur auf einzelne Stellen ein, und ließ damit fleissig fortfahren, damit die Krankheit nicht Zeit gewinnen konnte weiter um sich zu greiffen: die gleichsam wunde Haut zu heilen ließ ich nachher mit Eyeröl bestreichen und erhielte auf diese Art obgleich langsamer, doch meinen Endzweck.

Nie habe ich von den Quecksilbermitteln äuserlich Gebrauch gemacht, ob ich gleich weiß, daß der Sublimat in einer wäßrigen Auflösung, und der weisse Niederschlag in einer Salbe, selbst von guten Aerzten gelobt und empfohlen werden. In solchen Fällen wo eine venerische Schärfe verborgen, können sie vielleicht nützlich seyn.

Gleichwie wärend der inn oder äuserlichen Behandlung des Erbgrinds, das Mittel N. 11. als ein Ableitungsmittel, wenn es einige Zeit unterhalten wird sehr gute Dienste thut, so ist es auch nothwendig, wenn entweder durch eine unschickliche Behandlung, die Krankheitsmaterie sich auf die Brust,

Augen oder andere Theile geworffen, oder der Kranke, wenn der Grind auch gehörig aber zu früh geheilet worden, sich darauf nicht wohl befindet. Man legt es in Nacken und unterhält den Fluß einige Zeit.

Was die innerlichen Mittel betrifft, so wird man wohl thun wenn man ihre Verordnung einem wahren Arzte ganz überläßt. Er wird eine den Umständen angemessene Lebensordnung angeben: er wird die Krankheit selbst, die mit ihr in Verbindung stehende Zufälle und kränklichen Umstände des Kindes untersuchen, und hieraus seine Maaßregeln ziehen. Bald wird er kühlende und auflösende Abführungsmittel, bald solche die versüßtes Quecksilber enthalten, wählen. Bei einigen wird er Spießglasmittel in Verbindung der Magnesia, bei andern die Färberröthe, Sassaparillwurzel, den Mineralmohr, die Kinarinde u. s. w. verordnen.

Die Krätze verdient unter den Ausschlägen die bei Kindern häufig vorkommen eine eigene Betrachtung; und sehr oft ist sie der ganzen Aufmerksamkeit eines Arztes würdig. Sie bestehet aus kleinen rauhen Blätterlein, die im Grunde hart, in der Spitze aber helle sind, zu erst sich zwischen den Fingern äusern, so denn immer weiter gehen und endlich zu letzt an den Schenkeln sich zeigen. Das angenehme aber auch oft unausstehliche Jucken, welches in der Wärme des Zimmers und der Betten zunimmt, verursachet daß die Kranken sich kratzen, und dadurch der weitern Ausbreitung

des

des Uebels Gelegenheit geben. Ist die Krätze von feuchter Art, so giebt es oft sehr grosse und zusammenfliessende eiternde Blattern, welche den Kindsblattern nicht unähnlich und Schrofen oder Grinde bekommen, wobei, wenn das Uebel älter wird nicht selten eine Geschwulst mit Schmerzen an den leidenden Theilen und Fieberhitzen im Körper vorhanden sind. Die trockene Krätze kommt selten bei Kindern vor. Gewöhnlich pflanzt sich das Uebel durch die Ansteckung fort. Säuglinge erhalten die Krätze von ihren Ammen; und wo mehrere Kinder beisammen sind, steckt eins das andere an. In diesem Falle, der insbesondere bei armen Leuten und in Waisenhäusern statt hat, unterhält die Lebensart, welche eben nicht die reinlichste ist, den Stoff. Dieses ist auch der Grund, warum sie bei manchen, die Bewegung und freie Luft geniessen, im Herbste aussetzt und im Winter oder Frühling wieder erscheinet.

Die Heilart. Säuglinge werden geheilet, wenn die Amme täglich ein paar mal 2-3. Messerspitzen voll Schwefelblumen oder Schwefelmilch in Wasser oder Milch nimmt, und es hat nichts zu bedeuten, wenn beede davon offenen Leib bekommen; sollte das Kind aber einen Durchfall haben, so wird mit dem Gebrauch 1-2. Tage ausgesetzt.

Sind die Kinder älter so giebt man ihnen das nämliche Mittel in Milch, oder mit Zucker oder Honig, oder auf dem Mus, kleine und grössere Messerspitzen voll 1 oder 2mal des Tags nach

Maaßgabe des Alters. Sollte das Kind auf eine solche Art den Schwefel nicht nehmen wollen, so kann man in der Apothecke mit in Wasser aufgelösetem Zucker Zeltlein mit Schwefelbluten oder Schwefelmilch verfertigen lassen, und diese nach dem Alter in schwächerer oder stärkerer Gabe nehmen lassen. —

Hilft der innerliche Gebrauch des Schwefels nicht allein, so kann man auch den äuserlichen darzu nehmen, und aus Schwefelblumen und Milchrahm oder Schweinefett eine Salbe bereiten, und mit derselben alle Morgen, die Gelenke der Hände und Füsse einreiben. Vorhero aber, wenn der Magen und die Gedärme mit Unreinigkeit angefüllt seyn sollten, sind auch wiederhohlte Laxiermittel nötig.

Es ist fast unnötig zu erinneren, daß man die Kranke in einer gemässigten Wärme, reinlich halte, die Wäsche fleissig ändere, feuchte Luft und Kälte vermeide, und in Ansehung der Speisen weder das Maaß überschreite, noch fette, gesalzene und geräucherte Sachen geniessen lasse.

Wenn die Krätze örtlich ist und nur die Hände oder Füsse besetzt, so thut das täglich 2. mal abgewechselte Auflegen der frischen guten Heinrichsblätter, die besten Dienste; sie ziehen nicht nur die Schärfe gut aus, welches der Gestank verräth, sondern vermindern auch die Geschwulst und Schmerzen.

Ist

Ist die Krätze schon alt und eingewurzelt, so wird man den Kranken gewöhnen müssen eine sparsame Diät zu halten, seine Wäsche, welche man an der freien Luft mit Schwefel durchräuchern muß, fleissig zu ändern, seine Hände täglich ein paar mal in Seifenwasser zu waschen, und auch wohl in einem solchen warmen Wasser ¼ Stunde lang zu bähen. Dabei wird es dienlich seyn N. 1. zum Getränke zu wählen und die oben beschriebenen Schwefelmittel in und äuserlich fleissig zu gebrauchen. Laxiermittel sind bei solchen Kranken behutsam und nicht ohne den Arzt anzuwenden, weil sie schaden können. Sollte der Kranke über Hitze und Durst klagen, so kann man ihm zum Getränke eine Limonade oder Zitronenwasser erlauben und manchmal von N. 5. ein Kaffeelöffelgen voll geben, die übrigen Arzneien aber alsdenn aussetzen. Ist die Geschwulst und der Schmerz sehr heftig oder das Fliessen zu stark, so überschlägt man N. 9. mit darinn angefeuchteten Tüchern lauwarm. Manchmal war mir dieses Mittel allein hinreichend, bei einem sonst gesunden Körper eine baldige Genesung zu Stande zu bringen.

Wenn aber endlich die Krätze flechtenartig oder venerisch seyn sollte, welches der Arzt entscheiden muß, so wird ausser einer angemessenen innerlichen Heilmethode, der Gebrauch einer Salbe welche weissen Quecksilberniederschlag und geflossenes Weinsteinöl enthält, gut seyn.

Wird die Krätze durch eine Erkältung oder zu unrechter Zeit gebrauchte Schmierkuren u. s. w. zurücke getrieben, so entstehen schlimme Folgen daraus, die bald langsam bald geschwind erscheinen. Wirft sich die Materie auf die Brust, so erfolgen Husten, Bangigkeit, Steckflusse 2c., geht sie nach dem Unterleib, so entstehen Durchfälle, Erbrechen 2c., wird sie nach dem Kopfe getrieben, so giebt es geschwollene und vereiterte Halsdrüsen, Blindheit, Verlust des Gehörs; manchmal auch Schlagflüsse, Schlafsuchten, Gichter und noch schlimmere Folgen. In allen diesen Fällen, ist die Hilfe eines Arztes nötig, der nach dem Unterschied der Zufälle, verschiedene aber treffende Mittel anzuwenden weiß, die Krätze entweder wieder herzustellen, oder wenn dieses nicht möglich doch den Kranken zu erhalten.

Ist z. B. ein Husten, Beklemmung auf der Brust, ein Steckfluß 2c. vorhanden, so wird ein Brechmittel oder der Mineralkermes und Spießglasgoldschwefel gute Dienste thun, nachher kann man den Kranken in ein warmes Bad setzen, und nach diesem in dem Bette reiben: endlich wenn alles dieses fruchtlos, so lege man ein Blasenpflaster N. 11. unmittelbar auf die Brust um ihn zu retten.

Bei langwierigen Zufällen an den Augen und einem Verlust des Gehörs 2c. kann man Laxiermittel fleissig wiederholen, Schwefel oder Spießglasmittel innerlich geben, und äuserlich Blasenpflaster auf den Nacken oder auch an die Theile, welche die

Krätze vorher eingenommen, auflegen. In einem Durchfall von zurückgetrettener Krätze ist der Holderblüthe- oder Fliederthee vortreflich. In allen Fällen ist die Ansteckung das vorzüglichste Genesmittel; man legt dem Kranken das Hembd und die Strümpfe eines Krätzigen an, oder läßt ihn gar in seinem Bette schlafen. Dieses hilft oft in einer Nacht; dahingegen das Einpfropfen der Krätze nicht allemal gelingt, und oft nicht geschwinde genug würksam ist. Den Kampfer, Ofenruß und Brosam mögen Aerzte weiter versuchen um ihre Heilkräfte zu bestätigen. Ist die Krätze wieder zum Vorschein gekommen, so behandelt man sie mit dem innerlichen Gebrauch des Schwefels, läßt aber doch zur Vorsicht die Anwendung anderer Mittel insbesondere der Blasenpflaster, nicht aus der Acht.

Der venerische Ausschlag ist eine Folge der Lustseuche. Kinder die schon im Mutterleibe angesteckt werden, kommen selten lebendig zur Welt, und wenn sie leben so sind sie voller Geschwüre, und ihr elendes Leben dauert zum Glücke nicht lange, sondern sie sterben früher oder später gewöhnlich an Zuckungen. Wenn aber das venerische Gift nicht sehr stark und würksam gewesen, so sehen zwar die Kinder dem äuserlichen Ansehen nach gesund aus, sind aber doch zu Nacht immer sehr unruhig, und bekommen nach Verlauf von einem halben Jahre speckartige Beulen und Geschwüre über den ganzen Körper. Bei manchen zeigt sich die Würkung des venerischen Giftes zu erst durch eine weißlich eiterichte Materie; welche die Augenlieder von sich lassen,

sen, nachher erscheint an den Aermen und Schenkeln ein Ausschlag, und auch die Drüsen am Hals schwellen an. Bei einigen sind auch Geschwüre an den Geburtsgliedern zu bemerken, und am After oder Mastdarm lassen sich venerische Warzen sehen.

Ein solches unglückliches Kind welches die Lustseuche mit auf die Welt bringt, kann sehr leicht eine Amme anstecken, und die Zeichen welche die geschehene Ansteckung verrathen sind folgende: Die Warzen und Ringe um die Brüsten werden roth und geschwollen, es entstehen kleine Blätterlein welche abfallen und fressende Geschwüre machen, die Milch kann wegen der Geschwulst nicht mehr ausfliessen, und die Achseldrüsen der Amme verhärten sich u. s. w.

Oefter geschiehet es daß Kinder von venerischen Ammen angesteckt werden, und in diesem Fall kommen zuerst Blättergen und weisse speckartige Geschwüre, welche immer weiter um sich fressen in dem Munde und Gaumen des Kindes zum Vorschein, man bemerkt einen sehr schlimmen Geruch aus seinem Halse, und die Halsdrüsen sowohl als auch die unter dem Unterkiefer, schwellen an und werden hart. Entdeckt man noch frühzeitig genug daß die Amme schuld ist, so kann sie und das Kind zugleich geheilet werden.

Es giebt auch noch andere Arten der Ansteckung, welche das venerische Gift fortpflanzen, die ob sie gleich nicht so allgemein sind als die vorhergehenden, doch in grossen Städten öfter als in kleinen vorkomkommen, aber auch so gar in die sonst ruhige Hütte des Landmanns sich einschleichen, und ungestört, durch ihre Folgen, Verheerungen anrichten. —

Dahin gehören die Fälle, wenn ein gesundes Kind in die Betten einer venerischen Persohn zu liegen kommt, ferner wenn es zugleich, von der nämlichen Speise und mit dem nämlichen Löffel, Nahrungsmittel erhält u. s. w.

Ich wünschte so wol der Policey als den Aerzten einen kleinen Wink geben zu können, auf diesen schröcklichen Feind ein wachsames Auge zu haben. Es ist dieses von Seiten der Aerzte um so mehr nötig, da sich das venerische Gift, ja nach dem es mehr oder weniger würksam ist, früher oder später, aber selten in seiner wahren Gestalt zeiget, sondern meistens unter der Larve verborgen steckt.

Die Erforschung der Ursache der venerischen Krankheit eines Kindes, hat gewiß nicht wenige Schwierigkeiten, und oft ist der Arzt wenn er auch alle Behutsamkeit bei seinem Nachforschen anwendet kaum im Stande auf den Grund der Sache zu kommen. Ist sie aber durch obige Zeichen oder das Geständniß der Aeltern oder der Amme entdeckt, so wird die Heilung unternommen.

Diese, da sie viele Vorsichtigkeit erfordert, muß allein dem Arzte überlassen werden. Er wird so lange es sich thun läßt die Mutter oder Amme und das Kind mit der so genannten Schmierkur, ohne

jedoch

jedoch einen Speichelfluß zu erzwingen, behandlen, und im Fall diese nicht mehr statt haben könnte, die Milch einer Ziege wählen, der man an einem von Haaren abgeschornen Theil eine Quecksilbersalbe einreiben, und dadurch ihre Milch zum Gebrauche zweckmäßig machen kann.

Bei Kleinen die nicht gesäuget werden, kann das Mehl der Sassaparillwurzel in Milch gekocht und unter den Brey gemischt ein gutes Hilfsmittel abgeben. Das sicherste aber ist doch, täglich ein Gran versüßtes Quecksilber mit etlichen Granen Magnesia. Man muß aber auf seine Würkung gut aufsehen, und so bald sich etwas wiedriges im Körper äusern sollte, seinen Gebrauch aussetzen. Aeltern Kindern kann das alkalisirte, das versüßte und selbst das äzende Quecksilber innerlich, und äuserlich der rothe Niederschlag in Salben verordnet werden. Eine gehörige Lebensordnung wird der Arzt dem der Kranke anvertrauet ist angeben.

XXII. Kapitel.

Die Schwämmgen, der Voß oder Soor.

Diese Krankheit kennen die hiesigen Mütter und Wärterinnen unter dem Namen Kurvos. Vielleicht nannten sie schon die Alten so', weil sie sie für eine heilsame Krankheit hielten; und dieses mag auch die Ursache seyn warum ausser dem Rosenhonig und am Ende der Krankheit oder wenn sie vorbei ist, ein gelindes Laxiermittel, nichts gegeben wird. Wenn an den Lippen, auf der Zunge, in der innern Höle des Mundes und im Halse kleine weiße Blättergen entstehen, über welche sich bald ein Schorf anlegt, so ist diese Krankheit vorhanden. Ist sie gutartig, so ist die Zahl der Blättergen gering, sie sehen weiß und wie Perlen aus, fallen leicht ab, und kommen in geringer Menge wieder. Sind sie aber gelb oder mißfärbig, oder gar mit schwarzen Punkten besezt, laufen sie sehr zusammen, oder fressen tief ein, kommen sie zwar langsam aber desto heftiger und in grösserer Menge wieder, breiten sie sich den Schlund hinunter aus, und sind sie selbst an dem Mastdarm zu bemerken, so sind sie gefährlich und rauben oft dem Kind das Leben.

Gewöhnlich kommen die Schwämmgen mit 8. oder 14. Tagen, doch auch bei manchen später, und erst denn, wenn die Zahnarbeit anfängt. Sich selbst überlassen dauert die Krankheit, nach den weniger oder öfter vorkommenden Rückfällen, 14. Tage bis 3. Wochen wenn sie gutartig, ist sie aber mehr oder weniger bösartig, so wird sie oft viel früher tödlich.

Bei Säuglingen verhindern die Schwämmgen das Saugen, sie leiden Hunger und Durst, und die Schmerzen lassen ihnen Tag und Nacht keine Ruhe. Saugen sie doch, so wird die Brust der Säugenden um die Warze mit ähnlichen Geschwüren besezt, und diese nennt man den Fasch. Die Säugende wird wol thun wann sie jedesmal ehe das Kind die Brust bekommt die Warzen

mit

mit Oel bestreicht, damit die Schwämmgen sie nicht leichte anstecken; ist aber der Fasch da, so bedient sie sich N. 9. täglich etliche mal als Waschwasser.

Ich habe in dem 4. Kapitel des I. Abschnitt 1. Theils, das fleissige Auswaschen des Mundes als ein Verwahrungsmittel angegeben; sollte es aber versäumt worden seyn, so wünschte ich daß man es noch alsdenn fleissig unternehme, wenn man an dem Kinde Hitze, Geifern, Erbrechen, Durchfall ꝛc. wahrnimmt und diese Zufälle als Vorboten der Schwämmgen oder Zahnarbeit ansehen kann. Manchmal ist blosses Zuckerwasser hinlänglich hat das Kind eine Amme, so muß sie sich verhalten wie im XII. Kapitel gelehret worden. Wird es ohne Brust erzogen so setzt man die Milch und Breye bei Seite, und giebt dagegen N. 1. fleissig zu trinken.

Da die Ursachen der Schwämmgen die nämliche wie bei den innerlichen Gichtern, so hat auch die nämliche Heilart statt, welche im XII. Kapitel nachzusehen.

Man giebt, um sie kurz zu wiederhohlen, zu erst ein Klistier, nachher da sich öfters ein Erbrechen geronnener Milch, oder gehackte grüne Stuhlgänge einfinden, das Mittel N. 3. Ist das Kind sehr unruhig und zeigt durch heftiges fast unaufhörliches Schreien an, daß der Schmerz sehr groß, so kann ein Arzt eine Gabe von Sydenhams schmerzstillenden Tropfen geben. Ist aber eine Heischerkeit und ein Schreien aus einem hohlen Ton zu bemerken, die Zunge roth, das Kind dabei aber doch sehr unruhig, so ist es ein Zeichen daß die Schwämmgen tief im Schlund oder gar im Magen sitzen: und in diesem Falle sind weisse Rüben, gedämpft und den Saft durch ein Tuch gedruckt, Kaffeelöffelgen weise gegeben sehr nützlich. Hier würde ein Abführungsmittel im Anfang schädlich seyn, mit Nutzen aber alsdenn gegeben werden können, wenn die abgehenden Schorfen im Stuhlgang zu sehen und das Kind sich dabei munter befindet. Sollten sich bei den Schwämmgen blutige Stuhlgänge oder ein starker Durchfall einfinden, so giebt man Quittenkernschleim oder Gerstenwasser, oder andere schleimichte Dinge in Menge.

Da der Gebrauch der äuserlichen Mittel von grosser Wichtigkeit ist, so will ich die vorzüglichsten und ihre Anwendung angeben. N. 12. ist wie ich aus vielfältiger Erfahrung weiß von fürtreflichen Nutzen: Man taucht einen Pinsel oder Schwamm darein, und pinselt oder betupft die Schwämmgen damit täglich etliche mal, so oft es ihre Empfindlichkeit zulässet. Kann man auch etliche Kaffeelöffelgen voll innerlich geben, so ist es, wenn das Kind hitze hat, desto besser.

Die nach abgegangenen Schorf wunde Stellen müssen auf die nämliche Art mit Quittenkernschleim gepinselt oder befeuchtet werden.

Wenn

Wenn dieses Mittel nicht gefällt, kann sich statt desselben folgendes, welches ich seit 2. Jahren mit dem besten Erfolg gebraucht habe, auf die nämliche Art bedienen. Man läßt ½ Quentgen Borax mit 1. Loth Wasser so lange reiben bis der Borax aufgelöset ist, setzt so denn 2. bis 3. Loth Honig zu, und gebraucht es nicht nur mit dem Schwamm, sondern giebt es auch Kaffeelöffelgen weise, täglich etliche mal.

Die Auflösung des weissen Vitriols, 1 Gran auf 1. Unze Wasser, als Wasch oder Tupfwasser zu gebrauchen, will ich zu fernern Versuchen ebenfalls empfehlen.

XXIII. Kapitel.
Das Zahnen.

Es geschiehet selten daß Kinder in den ersten Tagen oder Wochen ihres Lebens Zähne bekommen, aber noch weit seltener bringen sie welche mit auf die Welt. Solche Zähne sind gewöhnlich nicht fest und wenn sie bei dem Säugen hinderlich seyn sollten, so thut man wol wenn man sie sogleich herausnimmt.

Manchmal gehet das Zahnen so leichte von statten, daß die Wärterinn ohne einige schlimme Zufälle bemerkt zu haben, den ersten Zahn findet.

Wo

Wo aber die Zahnarbeit beschwerlich wird, fangen die Kinder schon im 3. Monate an sich übel zu befinden, sind des Nachts unruhiger als sonst, reiben sich immer das Gesicht, die Nase und das Kinn, ziehen die Lippen des Mundes eckigt, halten den Mund gern offen, bringen ihre eigenen und anderer Finger, und alles was ihme vorkommt in den Mund, drücken stark mit dem Zahnfleisch auf, welches nicht geschwollen ist aber ein oder mehrere weisse zirkulrunde Erhabenheiten hat, gleich als wenn der durch zubrechende Zahn durchschiene: und wenn diese Zeichen vorhanden so sagen die Mütter: die Zähne setzen ein. Dieses ist der erste Zeitraum des Zahnen.

Hat er einige Wochen so gedauer't so erfolgt der Zweite. Nun wird das Zahnfleisch roth, erhitzt, und geschwollen, und es zeigen sich fühlbare Knoten an den Stellen wo die Zähne durchbrechen wollen. Nun leidet das Kind nicht mehr, daß man ihm die Zahnbieler mit dem Finger reibe, da es vorher von dem Reiben eine angenehme Empfindung zu haben schiene. Säugt es die Mutter oder Amme, so empfindet sie daß es starke Hitze im Munde hat; und wenn es andere Kost geniesset, so nimmt es lieber kalte als warme Speisen und Getränke. Die meisten geifern viel, und die welche den Speichel verschlucken bekommen Erbrechen oder einen Durchfall, der auch zuweilen blutig, aber doch alle mal wenn er gelinde, sehr nützlich und heilsam ist. Dahingegen eine hartnäckige Verstopfung, starke Hitzen und beständige Schlaflosigkeit, die im XII. Kapi-

Kapitel beschriebenen innerlichen Gichter, ferner Zuckungen und eine hinzukommende Schlafsucht, schlimme Zufälle und Zeichen abgeben. Einige Kinder haben fliessende Nasen, Husten, rothe Wangen, rothe entzündete Augen u. s. w.

Bei manchen erscheinen die Schwämmgen, bei andern Hautausschläge, XXI. Kap., und die welche schon vor der Zeit damit behaftet sind, bekommen die Zähne sehr schwer, wie die Erfahrung leider lehret.

Diejenigen Kinder welche sonst gesund sind, die Mutter oder Ammenmilch noch haben, und nur 1. oder 2. Zähne auf einmal jedesmal bekommen, Zahnen leichter als andere.

Insbesondere aber machen die Spitz oder Augenzähne oder wenn viele auf einmal kommen, sehr viel zuschaffen. Hier wird durch das Zahnfieber, von welchem ich bald mehreres sagen werde der Grund zu der sogenannten englischen Krankheit gelegt, und man pflegt hier zu sagen, die Kinder zahnen durch die Glieder. Dieses Fieber fängt meistens mit starken Hitzen in der Nacht an, und wenn das Kind verstopft ist, so sind die oben beschriebenen innerlichen Gichter Gefährten desselben. Vernachlässiget man dasselbe, so nimmt die Hitze immer mehr und mehr zu, und die Anfälle halten länger an: endlich wird ein schleichendes Zehrfieber daraus. Bei diesem sind die Augen des Kranken trübe und schwer, und so wie bei dem innerlichen

Gich-

Gichtern XII. Kap. die Haut heiß und trocken; die Zunge mit einem dicken Pelz überzogen; die Extremente sind schleimig, dunkelgrün oder schwärzlich, und ihr Geruch ausserordentlich stinkend: ein trockener kitzelnder Husten ist dem Kranken sehr beschwerlich; bei manchen sind auch die Zeichen der Würmer z. B. das Kratzen in der Nase ꝛc. vorhanden, es gehen aber keine ab: fast bei allen erfolgen Gichter; da wo aber eine Schlafsucht hinzu kommt, ist der Tod sehr nahe und gewiß.

Ich übergehe die Zufälle welche sich bei dem Ausbruch der so genannten Weißheitszähne einfinden, weil sie gewöhnlich bei Erwachsenen vorkommen, und meistens aus Nervenzufällen bestehen.

Bei der Behandlung der Kinder zur Zeit des Zahnausbruchs, kommt sehr viel auf die Zubereitung an. Man thut daher sehr wohl, wenn man schon im dritten Monate anfängt, das Kind mit dem Finger auf den Bielern öfters des Tag's zu reiben, und dieses Reiben fleissig fortsetzt. Man kann es auch an einer Brodrinde kauen lassen. Und diese Mittel sind gewiß sicherer als ein Krystall oder Wolfszahn, worauf man es beissen läßt, mit welchen es sich aber auch leichte stossen oder beschädigen kann. Wenn aber das Zahnen würklich angehet und Hitze und Geschwulst im Munde zu spüren, so sind allein erweichende Mittel z. B. Honig, Feigen in Milch gekocht, Milchrahm, Quittenkernschleim, in Milch ganz weich gesottene Eibischwurzel ꝛc. um das Zahnfleisch damit zu bähen, dienlich. Wird das

das Kind noch gesäuget so hat die Mutter oder Amme alle hitzige Sachen, noch mehr aber Furcht, Zorn und Schrecken zu vermeiden; denn diese sind bey dem Zahnen gedoppelt gefährlich und nicht selten tödlich. Alle Speisen und Getränke müssen nur lauwarm seyn; das Kind nicht zu warm gehalten, aber doch auch nicht erkältet werden. Dünne Suppen oder Brühen von Habergrütze, Gerstenwasser ꝛc. in geringer Menge dienen zur Nahrung; und N. 1. ist auch hier das beste Getränke welches man wählen kann.

Vor allen Dingen muß bei der Kur selbst auf den Unterleib gesehen und derselbe beständig offen erhalten werden. Wenn sich daher eine Verstopfung äussert so giebt man sogleich ein oder 2. Klistern: Schaffen sie nicht gehörige Erleichterung der Umstände, so läßt man hierauf von N. 3. so lange von Stunden zu Stunden Kaffeelöffelgen weise nehmen bis einmal ein Erbrechen oder einige Stuhlgänge erfolgt sind, denn hält man inne.

Wenn die Schlaflosigkeit anhalten sollte, oder Gichter entstehen, die oft plötzlich kommen aber auch bald wieder nachlassen, kann ein Arzt von Sydenhams Tropfen eine Gabe geben, es muß aber um den Leib offen zu erhalten ein Klistier vorhergehen.

Klistiere aber ohne Salz oder andere reitzende Mittel, können auch bei dem Durchfalle dienlich seyn; nie darf man es aber wagen ihn zu stillen, er wäre denn äuserst stark und entkräftend; und als-

denn

denn wird ein Arzt die beste Anleitung geben können. Wenn die Hitze und das Fieber sehr stark ist, das Kind sehr roth aussieht oder entzündete Augen hat, so werden Blutigel hinter das Ohr an derjenige Seite an welcher die Zähne durchbrechen wollen, dienlich seyn. Innerlich kann man die Hitze zu dämpfen von N. 12. alle Stunden 1-2. Kaffeelöffelgen voll geben. Wenn alle Mittel fruchtlos seyn sollten, so wird das Aufschneiden des Zahnfleisches mit dem nächsten besten Federmesser, den Kranken erretten können: es müssen aber die Beulen am Zahnfleische sehr hoch und der Zahn deutlich mit dem Finger zu fühlen seyn, wenn der Schnitt, der alle Faden vom Zahnfleisch ganz durchschneiden muß, etwas helfen soll.

Die Hautausschläge welche während dem Zahnen vorhanden, werden nach Anleitung des XXI. und die Schwämmgen wie in dem XXII. Kapitel gesagt worden, behandlet.

Was das Fieber betrifft so sind auch hier Klisticre und N. 3. von grossem Werth. Letzteres erleichtert zugleich das Kind wenn es viel Schleim auf der Brust und Husten hat. Am würksamsten ist es wenn man es eine oder zwei Stunden vor dem Fieberanfall giebt, und täglich oder jeden zweiten Tag damit fortführt, bis es sich bessert und das Fieber weicht. Man kann N. 4. in der Zwischenzeit anwenden; auch bei dem Gebrauch einer sparsamen Nahrung N. 1. fleissig trinken lassen. Das Zeichen der Besserung ist die natürliche Farbe der Ex-

kre-

kremente. Ich habe viele auf diese Art gerettet, noch ehe ein schleichendes Fieber mit einem angelauffenen dicken Bauch erschiene; wo aber diese erschienen, gieng das Uebel aller Mittel ungeachtet entweder in Auszehrung oder die englische Krankheit über, oder endigte sich durch eine Schlafsucht, Schlagfluß und den Tod. Oefters war auch alle Hilfe vergebens, wenn das Kind keine gute Wartung hatte, oder seine Eingeweide schon vorhin verdorben waren.

Bei dem zweiten Zahnausbruch, welcher um das siebende Jahr erfolgt, haben die Aeltern Sorge zu tragen, daß die erstere Zähne wenn sie nicht von sich selbst ausfallen, durch einen Wundarzt jedesmal ausgezogen werden, so bald man bemerkt, daß der untere den obern Zahn wegtreiben will, damit die zweiten weder einzeln schief wachsen, noch auch eine gedoppelte Reihe von Zähnen entstehen.

XXIV. Kapitel.
Die Mundfäule, der Wasserkrebs. Der Kinderbrand.

Nicht ohne Mitleiden siehet man manchmal, wie das was die gütige Natur bei der Zahnarbeit zum Vortheil der Kinder thut, durch ein fehlerhaftes Betragen derer die die Aufsicht über sie haben, zerstöret wird. Kaum erhält das Kind und oft mit vieler Mühe einige Zähngen, so sind sie schon wieder ihrem Untergange nahe. Der Noller der dabei

nach

noch sehr unreinlich gehalten wird und mit oder ohne Speise öfters des Tags durch den Mund einer Wärterinn gehet, welche eine Reihe verfaulter Zähne besitzt; die vernachlässigte Reinigung des Mundes ꝛc. sind sehr wahrscheinlich die Ursachen daß die Zähne den Kindern bald gelb und schwarz und angefressen werden, daß sich Geschwüre am Zahnfleisch ꝛc. zeigen, welche um sich fressen und üblen Geruch verursachen.

In einem weit höhern Grad aber erscheinet die Mundfäule, wenn eine Scharbocksschärfe schuld ist, und sie ist alsdenn eine fürchterliche Krankheit, welche oft Trotz aller Hilfe der Kunst, tödlich abläuft.

Das Zahnfleisch wird roth, geschwollen, schmerzhaft entzündet und fängt bei der geringsten Berührung an zu bluten: geht das Uebel weiter, so zeiget sich in der Mitte der entzündeten Theile ein weisser Flecken mit einem sehr hoch rothen Ring, der Schmerz nimmt zu und der weisse Flecken welcher ein wahrer Brandschorf ist, greift immer weiter um sich, und zerstöret alles um sich herum. Es fliesset dabei ein dünner jauchichter Speichel häufig zum Munde heraus, und der aashafte faulichte Gestank ist fast unerträglich. Fällt die Brandschorfe nicht, welches aber nur bei einem geringen Grad des Uebels geschiehet, oder wenn eine Hilfe möglich, so nimmt das Uebel mit mächtiger Wuth seinen Fortgang. Der Brand zerstöret nicht nur das Zahnfleisch, sondern auch die schon vorhandenen Zäh-

Zähne, daß sie von selbst manchmahl ausfallen, und auch die in den Zahnhölen noch verborgenen, ja wenn alles schwarz und verfault ist, so lösen sich öfters ganze Stücke von der Kinnladen ab und fallen heraus, oder müssen durch die Hand eines Wundarztes herausgenommen werden. Dabei werden die Lippen, die Backen, das Kinne und selbst die Zunge nicht verschont, sondern zernagt und zerfressen; manchen fällt auch die Nase verfault ab u. s. w. — Und in dieser traurigen Lage, wo das Leben keine Wohlthat ist, bringt der Kranke so lange zu, bis der Tod, geschwind oder langsam die traurige und schauervolle Scene beschliesset.

Dieses ist der Verlauf der Krankheit; welche in Holland auch der Wasserkrebs genannt wird. Sie lauft gewöhnlich übel ab, weil bei Kindern die Mittel so wol innerlich als äusserlich nicht gehörig angewendet werden können, und da sie die Jauche, Blut, und verfaulte Stückgen Zahnfleisch hinterschlucken, so wird nothwendig das Uebel unheilbar. Doch läßt sich von folgender Behandlung noch was hoffen.

Wenn das Uebel noch gering ist, und kein faulichter Geruch zu spüren, so kann man die entzündeten rothe und schmerzhafte Theile mit folgenden Mitteln sanft pinseln, oder mit einem Schwamm so gelinde als möglich öfters betupfen. Man nimmt nämlich Salmiack löset ihn in viel Wasser auf und thut etwas wenig Essig oder Zitronensaft zu dieser Auflösung. Ein anderes Mittel ist das Rosenhonig

nig unter welches etliche Tropfen Vitriol oder Schwefelgeist gemischt werden, welches auf die nämliche Art zu gebrauchen.

Greift aber das Uebel schon weiter um sich und der Gestank beweiset die bereits vorhandene Fäulniß, so wird um ihr Einhalt zu thun ein würksames Mittel erfordert: und dieses ist der Seesalzgeist. Man setzt 20. Tropfen von dem selben zu einem Loth Rosenhonig, und bringt, diese Mischung oft des Tag's an den leidenden Theil. Je stärker die Fäulniß ist desto mehr nimmt man von dem Salzgeist; ja in gefährlichen Fällen muß man ihn ohne Zusatz, ganz allein gebrauchen. Und auf diese Art wird der Brand am sichersten gestillet, und der Brandschorf in den weichen Theilen, sondert sich von den gesunden ab; aber die zerstörte Knochen kann dieses Mittel nicht heilen: und ich zweifle ob das mit Wasser vermischte Vitriolöl mehr ausrichten sollte. Aber es ist doch noch ein Mittel in diesem Fall übrig, nämlich das Brennen, zu welchem man als dem einzigen, im äussersten Nothfall seine Zuflucht nehmen kann. Wenn unter einer guten Behandlung die Natur selbst mit hilft, so weißt sie oft, nach geschehener Absonderung des Abgestorbenen von dem Gesunden, den Verlust so gut als möglich, und manchmal bis zum Erstaunen bewunderungswürdig, zu ersetzen. Innerlich sind die Mineralsäuren allein nützlich. Der Arzt und Wundarzt sind bei der Behandlung nothwendig.

Mit

Mit dieser eben beschriebenen Krankheit hat eine andere, ich meine den Kinderbrand eine ziemliche Verwandschaft, wie ihr Verlauf, welcher folgender ist, beweiset.

Die Kinder sind anfänglich träge, sehen blaß aus, und riechen aus dem Munde, obgleich kein Verdacht auf vorhandene Würmer statt hat. Einige bekommen hierauf Hitze und Durst, können nicht schlafen, weinen immer, haben einen Durchfall und keinen Appetit zum Essen: bei andern sind diese Umstände nicht vorhanden und die Eßlust bleibt bis an das Ende des Lebens. Das brandige Geschwür selbst, fängt mit einer kleinen rothgelben Blatter und einer geringen Härte an. Dieser Fleck wird schwarz und blau, und verliehret die Empfindung; denn wenn man auch in denselben mit einer Nadel sticht, so entsteht kein Schmerz; er breitet sich aus, und behält immer einen rothgelben Rand. Die Wangen und bei Mädgen die Schaam, sind der Sitz des Uebels. Die Fäulniß zerstöret ohne Schmerzen oder Blutfluß zu erregen, die benachbarten Theile, und ein unerträglicher Gestank begleitet dieselbe. Doch bleiben die Kranken bis an ihr Ende heiter und behalten die Gegenwart des Geistes: endlich werden sie äuserst entkräftet und sterben. Die Krankheit greift vorzüglich Kinder von 5. Jahren an, und solche welche aus Armuth oder Verwahrlosung sehr unreinlich und in einer ungesunden Atmosphäre leben: doch ist sie selten. Die Heilart. Innerlich kann der Arzt grosse Gaben Kinärinde und Vitriolsäuren verordnen.

Aeuserlich werden ebenfalls Mineralsäuren noch mehr aber ein stark gesättigter Merkurialgeist gelobt.

XXV. Kapitel.

Die Dörrsucht, Auszehrung. Mitesser.

In dieser Krankheit werden die Kinder so sehr verändert, daß man sie fast nicht mehr kennt. Das vorhin gesunde muntere und volle Kind, wird anfänglich blaß und aufgedunsen im Gesicht, sein Fleisch wird schlapp und welk, und es ziehet sich, welches das Merkmahl ist, die Haut zwischen den Füssen in Falten oder Runzeln; endlich schwindet der ganze Körper, so, daß wie man sagt nichts als Haut und Knochen an ihm ist. Ungeachtet solche Kinder gewöhnlich sehr gefräßig sind, aber nichts als Brod und kalte Sachen wollen, hingegen Suppen und andere warme Speisen verabscheuen, so werden sie doch zu Gerippen. Der Unterleib oder Bauch allein ist noch groß, aber allemal wiedernatürlich, dick, von Winden aufgeblasen und wie eine Trommel gespannt; bei andern lassen sich Knoten in demselben auch von aussen fühlen, welches verhärtete Drüsen sind. Der Stuhlgang ist bald hart, bald flüssig und breyartig, oft geht er in grösserer Menge ab, als man nach der Menge der Speisen glauben sollte; manche sind auch unflätig. Der Urin ist gewöhnlich trübe. Bei denen welche unreinlich gehalten werden, finden sich auch die sogenannte Mitesser ein. Man sahe sie ehedem für Würmer an, nachdem man aber gefunden, daß

sie

sie in einer in den Schweislöchern insbesondere des Rückens stockenden zähen Materie bestehen, die wenn man sie ausdrückt die Gestalt eines kleinen Würmgen mit einer schwarzen Spitze oder Kopf, welches von der Unreinigkeit der Haut herrühret, annehmen, so weiß man sie durch das Waschen mit warmer Milch und etwas Seifenwasser und das Reiben mit einem etwas rauhen Tuche zu heben. Oft sind würklich Würmer in den Gedärmen, die sich auch durch die ihnen eigene Kennzeichen verrathen.

Uebrigens sind die Kranken immer verdrüßlich und zornig; gegen Abend bekommen sie mehr oder weniger Hitze, welche fieberhaft ist, ihnen die Nacht unruhig macht, und starken Schweiß und Durst verusachet.

Die Krankheit ist langwierig und wenn sie nicht gehörig behandelt wird, so gehet sie entweder in die Englische Krankheit über, oder der Kranke stirbt an einem schleichenden Fieber langsam.

Nicht leicht wird sie bei Säuglingen wahrgenommen, wenn sie aber sich äussert, so ist entweder eine zu dicke oder überflüssig genossene Milch oder der Mangel an Nahrung, welcher von einer treulosen Amme verheelet wird, oder die schlechte Behandlungsart der Amme schuld. Durch eine gute mit hinlänglich Milch versehene Amme kann dem Mangel an Nahrung abgeholfen werden: eine zu dicke Milch kann man wenn die Amme fleissig verdünnende Getränke trinkt, verbessern, oder das Kind entwöhnen und ihm N. 1. zu trinken geben.

Eine andere seltene Ursache der Abzehrung kleiner Kinder, welche davon herrühret daß das Kind bei einer abgelebten alten Person in einem Bette schläft, kann durch die Vermeidung oder Abschaffung der Ursache gehoben werden.

Bei einigen Kindern werden zurückgetretene Hautausschläge als die Ursache anzuklagen seyn. Diese werden nach den Maaßregeln die ich in dem XXI. Kapitel gegeben habe behandelt.

Vielleicht dörfte auch bei manchen der Grund ihrer Dörrsucht, in den ewigen Temperir-Markgrafen-und andern Pulvern, und andern zur Unzeit gebrauchten Arzneien, zu finden seyn. Ich will daher alle Aeltern warnen, ihren Kindern ohne Noth Arzneien zu geben, insbesondere erdigte Mittel, deren Schaden schon vielfältige Erfahrungen bewiesen haben.

Man hat übrigens nicht nötig die Ursachen der Dörrsucht weit herzuholen, sie liegen vor Augen und sind leicht zu entdecken. Ich irre mich nicht, wenn ich den dicken zähen Mehlbrey, das Nachttrinken, die Unreinlichkeit, die feuchten Kammern u. s. w. bei kleinern und bei grössern Kindern, die unverdauliche Speisen aus Mehl, die Kuchen u. s. w. insbesondere wenn die Kinder sich öfters damit überladen, unter die gewöhnlichsten zähle. Immer wer-

werden sich aus der daraus entstandenen Unverdaulichkeit, die dicken Bäuche, die fühlbare Verhärtungen der Drüsen, und der daher entstehende Mangel der Nahrung herleiten lassen. Finden noch oben darauf die Würmer Gelegenheit, in die unverdaute Ueberbleibsel, Schleim ꝛc. sich einzunisten, so werden sie ebenfalls dem Kinde die Nahrung entziehen, und auf diese Art eine wichtige Ursache der Dörrsucht abgeben. In diesem Fall sind Wurmarztneimittel nötig. Wenn aber die vorher gedachten Ursachen statt haben, so verfährt man auf folgende Art.

Vor allen Dingen ist eine gehörige Lebensordnung zu beobachten. Das Kind muß reinlich gehalten, wo es möglich in ein trockenes Zimmer gebracht, auch niemal während dem Schweis aus dem Bette genommen und verkältet werden: man mache ihm bei heiterm Wetter in freier Luft fleissige Bewegung, ist sie aber nicht möglich so suche man sie durch fleissig wiederholtes Reiben des Körpers, insbesondere aber des Unterleibs zu ersetzen. Die flache Hand ein wollenes Tuch ꝛc. und wenn es wegen der Spannung für dienlich gehalten wird Oel oder Fett warm gemacht, sind zum Reiben die Mittel. Das nächtliche Trinken muß gar nicht erlaubt werden. Man wähle eine leichte wohlverdauliche Kost und statt der Mehlbreye die oben angegebene Suppen, auch solche mit Körbel- und Petersilgenlaub ꝛc., und statt des gewöhnlichen Getränks gebe man Wasser mit ein wenig Milch vermischt, eine dünne Mandelmilch und N. 1. wenn es der Magen er-

erträgt. Nach vorhergegangenen Ausleerungen, welche man durch N. 2. und 3. erhalten kann, werden die Bäder von vortreflichem Nutzen seyn. Im Anfang werden sie lauwarm gemacht, nach und nach immer kälter, bis endlich das Kind ganz kaltes Wasser leiden kann. Jedes mal nach dem Bade kann man das Kind in das Bett bringen und seinen Körper reiben. Man verfahre aber mit den Bädern behutsam, und gebe wohl Achtung wie sie dem Kinde bekommen. Ist das Kind nach dem Bad warm und befindet sich den Tag über munter, so ist es ihm nützlich, und kann fortgesetzt werden. Frieret es aber und ist matt und niedergeschlagen, so muß man aussetzen, und erst denn wieder anfangen wenn durch Ausleerungen der dicke Leib weicher und kleiner und der Stulgang natürlich wird, und die Fieberhitze ganz oder gröstentheils sich verloren hat. Denn kann man auch bei solchen Kindern, die nicht in ein Bad zu bringen sind, um den Körper zu stärken N. 7. täglich etliche mal 1. kleinen Löffel voll gegeben, versuchen. Aeltern Kindern suche man die Gefräßigkeit abzugewöhnen, gebe ihnen ebenfalls leichte Speisen, dabei aber doch auch Fleisch und grüne Sachen, und wiederhole nach Befinden der Umständen, den Gebrauch des glauberschen Wundersalzes, welches zu 1. bis 2. Kaffeelöffelgen voll nach Maaßgabe des Alters, alle Morgen in einer Tasse von N. 1. mit Zucker oder Sirup versüßt gegeben, ein sehr schäzbares Mittel ist, welches sowol ausleeret, als auch das Fieber hebt. Die mit Eisen bereitete Salmiackblumen, die überzuckerte oder auch einfache Eisenfeile mit Zucker, kann allein

ein

ein Arzt in gehöriger Gabe und zur schicklichen Zeit verordnen. Die Bäder insbesondere die kalten, müssen auch alsdenn noch fortgebraucht werden, wenn sich auch der Kranke schon wieder erholet hat, und so lange, bis er zu seiner vollkommenen Gesundheit gelanget.

Noch ein Mittel das die Aeltern vor sich anwenden können. Man röstet 1. Loth Eicheln wie Kaffee, vermischt es mit 1. Quentgen gemalenem Kaffee, kocht es mit einander und giebt diesen Eichelkaffee dem dörrsüchtigen Kind warm oder kalt mit Milch täglich zu trinken, ohne ihm ein anderes Getränke zu erlauben, oder eine Arztnei zugleich zu gebrauchen.

Da die Krankheit wie ich schon gesagt habe langwierig, so muß man wiederholte Versuche zu ihrer Heilung sich nicht gereuen lassen, und anhaltend, geduldig mit dem Gebrauche der Mittel fortfahren, bis man seinen Zweck erhält. Manchmal obgleich selten hilft die Natur durch einen Durchfall die Krankheit überwinden.

XXVI. Kapitel.
Die englische Krankheit oder der Zweiwuchs.

Ich habe bereits im vorhergehenden Kapitel gesagt, diese Krankheit entstehe aus der Dörrsucht; allein sie zeiget sich unter einer andern Gestalt,

stalt, wie nachfolgende Zufälle und Zeichen bewiesen.

Der Kopf eines rachitischen Kindes ist wiedernatürlich gros, und nimmt mit der Krankheit zu; bei einigen ist ein würklicher Wasserkopf (III. Kapitel) vorhanden. Das Gesicht ist blaß und aufgedunsen; die Adern jam Halse sind sehr merklich gros. Die Haut hängt schlapp über die ausgezehrten Theile her. Der Bauch ist dick, aufgetrieben, und meistens nach der rechten Seite zu geschwollen. Die Brust wird an den Seiten eingedrückt, und das Brustbein ragt spitzig hervor, an den Rippen bei dem Brustbein lassen sich dicke Knoten sehen und fühlen; das nämliche läßt sich auch an den Gelenken der Hände bemerken, daher man von solchen Kindern sagt, sie haben gedoppelte Glieder oder wären zweigliederig. Der Rückgrat, desgleichen die Knochen der Aerme, Schenkel und Füsse werden verschiedentlich gekrümmt, so daß sie bald ein bald auswärts wachsen, und die Krümmungen des Rückgrats machen verschiedene Höcker oder Buckel und andere Fehler und Verunstaltungen. Bei einigen entstehen bei einer geringen Gelegenheit Beinbrüche. Manchmal wird der Knochen angefressen und es erfolgt der Beinfraß, von welchem ich im XXVIII. Kapitel handlen werde. Die Zähne leiden ebenfalls nicht wenig, sie werden gelb, schwarz, fallen Stückweise aus, und werden nicht allemal bei dem zweiten Zahnen wieder ersetzt, manchmal wird auch das Zahnfleisch mit angegriffen und es entstehet eine Art Mundfäule. Haben die Kinder schon gehen

hen gelehrnt, so werden sie nun sehr schwach auf den Beinen, bewegen sich langsam und mühsam, fallen leicht, sitzen gern, lassen den Kopf hängen, und müssen endlich gar beständig liegen. Es ist sehr auffallend wie dumm einige sind, dahingegen der grössere Theil vor der Zeit klug und scharfsinnig ist, und man daher auch oft die Vorhersagung hören muß, das Kind ist klug es wird wohl nicht alt werden, welche aber sehr oft fehl schlägt. Alle haben eine gute Eßlust oder vielmehr eine Freßbegierde. Bei einigen sind zugleich Würmer mit im Spiel. Auch sind verhärtete Halsdrüsen oder Scrofeln welche von ähnlichen verhärteten Drüsen des Gekröses zeugen, nicht selten die Gefährten der Krankheit. Fast die ganze Krankheit hindurch ist eine schleichendes Fieber vorhanden, und dieses ist das nämliche, dessen ich im XXIII. Kap. Erwähnung gethan, welches auch sehr oft zu der englischen Krankheit den Grund legt, und auch wieder von derselben unterhalten wird. Endlich erfolgen Husten und Engbrüstigkeit; manche schwellen, und der Tod unter Zuckungen macht den Beschluß.

Sehr selten ist diese Krankheit angebohren; meistens fängt sie sich von dem 7. Monat bis in das zweite Jahr an. Kinder deren Aeltern schwächlich sind, oder verdorbene Säfte bon rachitischer, venerischer oder scrofelnartiger Beschaffenheit haben, oder welche solche Ammen haben, sind ihr gewöhnlich unterworffen. Kommen nun noch unverdauliche Mehlbreyen, die Unreinlichkeit ꝛc. hinzu, so ist der Zunder desto leichter angeflammt. Eine nicht

gerin-

geringe Ursache können zurückgetrettene Ausschläge, der Ansprung ꝛc. abgeben. Weniger Nachtheil, ob man ihn gleich vermuthet, befürchte ich von dem warmen Bad. Aber das lange Sitzen mit dem blossen Hintern auf dem Stühlgen, ist glaube ich, wegen dem Mangel der Bewegung u. s. w. sehr oft eine befördernde Ursache.

Die Krankheit dauert bis in das dritte, siebende, ja so gar bis in das zwölfte Jahr. Wenige solcher Kinder erreichen ein Wachstum, und die welche die Krankheit überleben, eine immer grössere Anzahl als derer die sie tödtet, bleiben entweder beständig schwächlich und Kröpel, oder sterben an der Auszehrung oder Lungenschwindsucht, oder, welches bei Frauenspersonen statt hat, nicht selten, an schweren Geburten. Man hat Erfahrungen daß ein kaltes Fieber, deßgleichen ein Durchfall, die Krankheit gehoben haben. Man will es auch von der Krätze behaupten, und die Aerzte rathen daher insbesondere bei einer zurückgetriebenen ihre Einimpfung. Es ist ein unverbesserlicher Schaden, wenn einem rachitischen Kind, ohne äuserliche Ursache ein Bein zu lange wird, und weil die Bänder zu schlapp sind aus dem Gelenke ausfällt, und daher ein Hinken entstehet. Dieser Fall ist aber sehr von einem andern, der bei lebhaften Kindern nach einem Fall auf die Hüfte, oder dem Schlag einer schleudernden Wagendeichsel u. s. w. vorkommt, unterschieden. Man siehet keine äuserliche Geschwulst und doch können die Kinder entweder gar nicht gehen oder sie hinken mit dem grossem Schmerzen.

zen. Im Anfang kommt der Schmerz in der Hüfte seltener, nachher öfter und stärker, endlich hält er beständig an, die Kinder müssen liegen bleiben. Wenn ein Wundarzt so denn die Hüfte betastet und tief mit seinen Händen druckt, so fühlet er zwischen den selben das Schwappern einer ausgetretenen Materie, und die Kranken empfinden die heftigsten Schmerzen. Wann dieses bemerkt wird, so suchet der Wundarzt durch erweichende Ueberschläge die Vereiterung zu befördern, und wenn der Eiter reif ist, ihm durch einen Schnitt Ausgang zu verschaffen, damit nicht der Schenkel angegriffen werden und daraus eine Auszehrung erfolge. Die Wunde wird wie jede andere gehörig behandelt. Unglücklich ist es daß gewöhnlich ein lahmer, hinkender und magerer Schenkel nachhero zurücke bleibt.

Die Englische Krankheit ist zwar schwer zu heilen, aber doch nicht unheilbar, wenn sie noch nicht zu weit gekommen, nur muß man aufmerksam seyn, und Gedult und Zeit sind würklich hier diejenige Dinge, welche selbst das unmöglich scheinende, möglich machen können. Nur wäre zu wünschen daß die Aeltern ihre Pflicht beobachteten und statt ihren elenden Kindern den Tod zu wünschen, sie zu erhalten sich angelegen seyn liessen. Vor allen Dingen bringe man das Kind unter eine gute Lebensordnung. Man gebe ihm nicht so oft, und so viel es will zu essen, sondern allemal wenig auf einmal und höchstens 3. mal des Tags. Ein gut gebackenes ungesäurtes Brod, Zwieback, magere Fleischsuppen, desgleichen von Habergrütze, Reiß, Gerste sie ꝛc. gebratenes Fleisch von Tauben, Hünern, Vögel und dergleichen sind dienliche Speisen.

Zum Getränke kann man gebähtes Brodwasser, auch ein leichtes gutes Hopfenbier wählen. Hingegen sind alle warme Getränke, Thee, Chokolade ꝛc. alles von Milch, die Mehlspeisen und Kuchen, frisches taigichtes Brod, alle fette Sachen z. B. Butter, Oel, Käß und fette Suppen, ferner Obst und süße Dinge, Zuckergebachenes ꝛc. nicht weniger auch Fische und weich gesottenes Fleisch, schädlich. Denen welche Kaffee zu trinken gewohnt sind, kann man den im vorigen Kapitel vorgeschlagenen Eichelkaffee zu trinken geben. Ein Hauptmittel die Kur zu befördern ist die Beobachtung der genauesten Reinlichkeit. Man ziehe dem Kinde keine andere als trockene Kleidungsstücke an, die von Wolle und Flanell sind die besten, eben dieses beobachte man auch in Ansehung der Wäsche und Betten. Wenn es nicht möglich ist das feuchte Wohnzimmer eines solchen Kranken mit einem andern zu vertauschen, so kann man es doch durch fleissiges Räuchern mit Wacholderbeeren, Schießpulver ꝛc. und Zulassung einer frischen Luft bei heiterm Wetter, zu verbessern suchen. Bei schönem Wetter bringe man den Kranken an die Luft und erlaube ihm selbst Bewegung zu machen; ist sie aber so wol im Stehen als Gehen, weil die Schwere des Kopfs, die untern Theil drückt, nicht wohl möglich, so lasse man es tragen, oder welches noch besser ist, auf einem Grasboden in dem Rollwagen fahren; aber mit Behutsamkeit,

Da-

damit die Bewegung weder zu stark noch zu anhaltend ist.

Das täglich einige mal wiederholte Reiben des Unterleib's und Rücken mit wollenen warmen Tüchern, die man auch mit Bernstein oder Mastix ꝛc. durchräuchern kann, wird im Fall der Noth die Bewegung ersetzen, und gewiß hilfreicher seyn, als alle nach der Apotheckerkunst bereitete Salben. Was den Gebrauch der Bäder betrifft, so kann man sich derselben, auf die nämliche Art und mit eben der Sorgfalt, wie in dem XXV. Kapitel gelehret worden, bedienen. Am sichersten werden sie unter der Aufsicht eines Arztes, der in dieser Krankheit gewiß sehr nötig ist, angewendet werden können. Kalte Bäder werden würksamer seyn, als die Kräuterbäder.

Die Arztneien welche man gemeiniglich gegen diese Krankheit gebraucht, sind entweder allgemeine oder specifische. Die allgemeine bestehen in Brech- und Laxiermitteln, in so genannten Säuretilgenden und endlich auch in stärkenden Arztneien. Das Mittel N. 3. wird als Brech- und Laxiermittel insbesondere im Anfange der Krankheit sehr würksam seyn; auch alsdenn wenn Würmer sich mit einmischen. Man verfährt eben so wie bei der Dörrsucht; es ist aber sicherer man überlasse die Bestimmung einem Arzte, welcher nach den Anzeigen sich zu richten weißt.

K   Nach

Nach diesem Mittel können als Säuretilgende das Weinsteinsalz zu etlichen Granen täglich, oder eine Auflösung der Pottasche in reinem Wasser, oder endlich N. 4. oder andere Erdenmittel, gegeben werden. Die nähere Bestimmung der Gabe nach dem Alter und den Umständen und wie lange solche Mittel fortzusetzen, bleibt der Beurtheilung des Arztes überlassen. Ich wünschte daß die Aerzte die Ochsengalle ihrer Versuche würdigten, da sie doch von manchen Kindern noch in Pillenform genommen wird, und ihre Würkung gewiß sehr gut ist. Machen diese Mittel nicht selbst Stuhlgänge, so kann man die Jalappe oder ein anderes Mittel wählen. Denn auf die Oefnung und das schleichende Fieber muß beständige Rücksicht genommen werden. Ein Pulver aus 5. Gran Rhabarber, eben so viel feine Eisenfeile und 10. Gran Zucker, alle Morgen und Abends 1. Stunde vor dem Essen genommen, wird bei jährigen Kindern, deren blasses aufgedunsenes Gesichte und gelbliche Wangen, einen Ansatz zu dieser Krankheit verrathen, als ein vortrefliches Mittel gerühmt. Wenn sich die Kranken erholen, so nimmt der Arzt seine Zuflucht zu den Eisenmitteln, und hier wählet ein jeder nach seinem Gefallen, bald die Eisenfeile, bald den Eisenzucker bald eine Tinktur von Eisen u. s. w. Alsdenn ist es auch nützlich dem Kranken zur Stärkung manchmal ein wenig Wein oder etwas Zimmtwasser zu erlauben. Bei allen diesen Mitteln ist Beharrlichkeit nötig.

Zu

Zu den specifischen Mitteln rechnet man vorzüglich die Färberröthewurzel und den Schierling. Die aus diesem bereiteten Arztneien mögen die Aerzte versuchen, wenn sie sich von allen andern Hilflos verlassen sehen. Mit der Färberröthe kann zur Noth Jedermann einen Versuch machen. Man giebt sie fein zu Pulver gestossen unter Zucker, oder in Zuckerwerk gebacken, täglich bis ½ Quentgen: oder man läßt 2. Loth zerschnittene Wurzeln in 3. bis 4. Maaß Wasser abkochen, etwas Fenchel oder Anißsaamen dazu thun, und das durch ein Tuch durchgeseihte Wasser mit Honig versüßt trinken. Die Färberröthe befördert stark den Abgang des Urins, die Geschwulst und Aufgedunsenheit des Gesichtes verschwindet, und die Glieder verlieren nach und nach ihre Dicke und Krümmung. Dieses sind die guten Würkungen eines Mittels, das sich durch vielfältige Erfahrungen schätzbar gemacht hat.

Noch ein paar Worte der Ermahnung an die Mütter. Ich weiß wie sehr es ihnen am Herzen liegt, die Verunstaltungen ihrer Kinder zu verbessern; sie nehmen kaum eine etwas höhere Schulter, oder eine Krümmung des Rückgrads welche einen Hocker macht, gewahr, so kommen sie mit eisernen Schnürleibern, Halsbändern ꝛc. und wenn das Kind krumme Füsse hat, mit Stiefeln – und suchen dadurch, ob es ihnen gleich unangenehm ist, daß sie das Kind martern müssen, dem Fehler abzuhelfen. Aber wissen sie, sie verschlimmern leider durch ihre Hilfsmittel das Uebel. Entfernen sie alle

Maschinen. Noch mehr, so bald sie merken, daß das Rückgrat anfängt sich zu krümmen, so geben sie der Schnürbrust den Abschied: und um die Krümmung der Füsse abzuhalten und zu verbessern, lassen sie das Kind nie zu lange stehen. Sorgen überhaupt für eine gute Lebensordnung, geben dem Kind eine mäßige Bewegung, wobei es eine öftere Veränderung der Stellung des Körpers erhält; hüten es dabei vor äuserlichen Gefahren, so versichere ich ihnen ihr Kind soll kein Kröpel werden.

XXVII. Kapitel.
Von den Würmern.

Die gewöhnlichsten Arten welche bei Kindern vorkommen, sind Spulwürmer und Maden oder Mastdarmwürmer: äuserst selten sind die Band- oder Nestelwürmer. Nicht leicht haben Säuglinge Würmer; sie zeigen sich alsdenn wenn der Magen andere Speisen als Milch erhält, und Schleim, Säure, und unverdaute Ueberbleibsel ihren Aufenthalt begünstigen.

Die Zeichen welche die Gegenwart der Spulwürmer verrathen, sind sehr zweifelhaft; das sicherste aber ist, wenn oben oder unten einige abgehen. Folgende lassen sie doch mit vieler Wahrscheinlichkeit vermuthen.

Die Kinder sehen blaß, verändern oft ihre Gesichtsfarbe, haben eingefallene Augen und um dieselben

selben blaſſe Ringe, ſie ſind öfters mit dem Finger in der Naſe, ihr Mund iſt immer voll Waſſer oder Speichel, und ihr Odem ſtinkt; bei manchen wird auch das Zahnfleiſch angegriffen. Die meiſten ſind ſehr gefräſſig, einige haben Eckel; oder erbrechen wohl alle Speiſen ſogleich wieder. Nicht ſelten klagen die Kranken über Schmerzen im Bauch insbeſondere um den Nabel, ſpüren aber nach dem Eſſen eine Erleichterung; einige ſind verſtopft, andere haben einen Durchfall, oft findet ſich auch plötzlich ein Stuhlzwang ein. Der Unterleib iſt bei den meiſten, insbeſondere denen welche ſchon einige Zeit kränklich ſind, dick, geſchwollen, und oft hart geſpannt, die übrigen Theile des Körpers aber, werden mager und der Kranke zehrt wie man ſagt zuſehends ab; die Kranken werden matt, verdrüßlich, ſchlafen unruhig u. ſ. w.: Viele bekommen ein ſchleichendes Fieber; manche fallen in Ohnmachten, Zuckungen oder Gichter von allerlei Arten, ſelbſt die Fallſucht; viele haben einen trocknen Huſten; man hat auch die Stummheit bemerkt, und es läßt ſich kaum ein Zufall denken, den nicht Würmer verurſacht haben. Ein in die Sinne fallendes Zeichen der Würmer giebt endlich der trübe milchfarbichte Urin ab.

Aber alle dieſe Zeichen können mehr oder weniger vorhanden ſeyn, und das Kind hat doch keine Würmer, ſondern Unreinigkeiten im Magen und Gedärmen. Auch können dieſe Gäſte bei manchen in groſſer Menge vorhanden ſeyn, und das Kind ſpüret faſt keine Plagen, dahingegen ein anderes

K 3　　　　　　　　　　　　　　nur

nur wenige hat, und viele unangenehme Zufälle leiden muß.

Da die Erfahrung beweiset daß sich die Würmer in dem Körper vermehren, oft den besten Mitteln nicht weichen, oft aber auch von selbst ohne Arztneien abgehen, so muß man sich, zu mal bei der Ungewißheit der Zeichen, mit der Kur nicht übereilen und sie zu geschwind abbrechen, sondern alle mal so lange anhalten bis die Besserung erfolgt, das heißt, wenn nach dem Abgang von Würmern, oder wenn auch keine sich zeigen, die oben beschriebene Zufälle weichen, und der Kranke sich munter und gesund befindet.

Zur Vorbauung so wohl als zur Kur selbst, ist es nötig die Kinder abzuhalten, daß sie nicht den ganzen Tag essen. Fette Dinge, Mehlspeisen, Kuchen, teigichtes Brod, auch alle blähende Zugemüse von Kraut, Linsen, Erbsen, ꝛc. sind weil sie unverdaulich, schädlich, Wasser oder auch ein gutes Bier können zum Getränke dienen: ältern kann man auch manchmal ein wenig Wein erlauben. Man hat eine Menge Wurmarztneien. Ich will zu erst von denen die man als Hausmittel gebraucht, und hierauf von den künstlichen Zubereitungen handlen. Unter die Hausmittel gehören die Möhren oder gelbe Rüben, die man roh, gerieben mit oder ohne Zucker, früh nüchtern einige Tage nach einander den Kindern zu essen giebt. Der Knoblauch wird mit Milch abgekocht und diese ebenfalls früh getrunken; sie ist aber nicht sehr angenehm. Am gewöhnlichsichsten ist der Wurmsaamen; man giebt nach Maaßgabe des Alters 1. 2. 3. Kaffeelöffelgen voll in Honig oder auch Butterbrod, oder man läßt den überzuckerten ebenfalls nüchtern essen. Weniger gebräuchlich aber doch sehr würksam und manchen angenehm, ist das Küchensalz, welches man Kindern von 4-5. Jahren, zu 1. Kaffeelöffelgen voll in kaltem Wasser oder pur, früh und Abends oder täglich 3. bis 4. mal nehmen läßt. Leichter sind Baum- oder Süßmandelöl beizubringen, Kleinen Kaffeelöffelgenweise, Grössern täglich 3-4. mal zu 1. Eßlöffel voll. Diejenige welche Thee lieben, können einen von Isoppenkraut oder von reisen Brennesselsaamen, mit Milch und Zucker früh nüchtern einige Tage lang trinken. Ein nicht unangenehmes Mittel läßt sich aus den Zitronenkernen auf folgende Art bereiten: man quetsch 12. recht gute Kerne, kocht sie mit 1. Schoppen oder Nösel Milch, seibet die Abkochung durch ein Tuch, thut etwas Zucker dazu und läßt die ganze Portion in einem Tage trinken.

Ein anderes Mittel, welches zugleich statt des gewöhnlichen Getränks dienen kann, und welches das einzige von Mineralmitteln ist, das man den Müttern zu eigenmächtigem Gebrauche erlauben darf, wird auf folgende Art bereitet. Man kochet in einem neuen irrdenen glasirten Topf oder Hasen 6-8. Loth Quecksilber mit 2- bis 3. Schoppen Wasser, giesset es hernach langsam durch eine Leinwand damit nichts vom Quecksilber dazu komme, und läßt es kalt den Tag über als gewöhnlichs Getränke trinken. Man kann das nämliche Quecksilber alle Tage wieder kochen, ohne daß es von seiner Kraft verliehrt.

Bei dem Gebrauche aller dieser Mittel ist zu merken, daß sie einige Tage nach einander fortzusetzen, und darauf mit einem dem Alter und Umständen angemessenen Laxiermittel N. 6. zu verfolgen sind. Sollten hierauf die Zufälle nicht weichen, so ist die Kur noch einmal anzufangen, und so auch wol zum 2 und 3ten mal. Am besten gelingt die Wurmkur wenn sie am Anfang oder Ende des abnehmenden Mondes unternommen wird. Ich bin weit entfernt von dem Aberglauben, dem Mond einen Einfluß zu zuschreiben, aber die Erfahrung spricht für die Wahrheit. Die Bauchschmerzen welche sich bei den Wurmkranken einfinden, lassen sich am besten heben, wenn man dem Kranken eine warme Kuhmilch zu trinken giebt, und sie auch mit Milch in der etwas Salz oder Zucker zerlassen worden, klistieret. Ausser diesem Fall sind Klistiere aus obgedachtem Quecksilberwasser mit Honig versetzt sehr gut. Sind aber die Schmerzen an einem Ort des Unterleibs sehr heftig, und daher zu vermuthen, daß ein Wurm sich daselbst durchbohren wolle; denn die Erfahrung hat gezeigt, daß es würklich geschehen; so ist es nötig sogleich warme frische Ochsengalle daselbst einzureiben, oder welches noch ein besseres Mittel ist einige Tropfen Steinöl.

Unter allen durch die Apotheckerkunst bereiteten **Wurmarztneien** ist das N. 3. angegebene Mittel

das

das sicherste und nützlichste. Man giebt es alle halbe oder ganze Stunden zu 1. Löffel voll, bis einmal ein Erbrechen erfolgt oder Stuhlgänge kommen, denn hält man selbigen Tag inne, und fährt den Tag darauf wenn es nötig, eben so fort. Man kann es nüchtern geben oder eine warme Milch als Frühstück vorher gehen lassen.

Ich ziehe dieses Mittel allen andern vor, weil es auch da wo ein Fieber mit Hitze ꝛc. zugegen, doch im Anfang der Kur nützlich und nothwendig ist: gewöhnlich hebt es auch die von Würmern entstandene Gichter, und die Würmer gehen theils oben theils von unten ab. Man kann die gute Würkung dieses Mittels durch ein Klistier aus Kamillenthee mit Salz befördern; es muß aber dasselbe eher gegeben werden, ehe die Würkung des Brechmittels erfolgt.

Von dem Mittel N. 12. sterben die Spulwürmer, und da es zugleich die Hitze dämpfet, so empfiehlet es sich aus dieser gedoppelten Ursache in Wurmfiebern. Die Gabe kann alle 2-3. Stunden 1. Löffel voll seyn, und man kann es nach dem Brechmittel folgen lassen, und nachher noch einmal das Brechmittel in kleinern Gaben geben, um die Würmer wegzuschaffen und auszuführen.

Ist man die Würmer losgeworden, so beobachte man eine gute Diät, und um einer neuen Brut vorzubauen, lasse man nach Maaßgabe des Alters die Eisenfeile von 3. Gran bis zu 10. in Honig

oder

oder mit Zucker und einem Gran Zimmet, Morgens und Abends nehmen.

Der Gebrauch des versüßten Queckſilber in Verbindung mit Laxiermitteln, der Ochſengalle in Pillen allein oder mit Laxiermitteln, oder auch in ſpanniſchem Wein mit Zucker verſüßt, des Extrakt der Wallnüſſe, der Kinkina, und endlich der Schwefel und Spießglasarztneien, muß allein dem Arzt überlaſſen werden. Von dem ſtinkenden Aſand, Kampfer, Eiſenvitriol, Zinn u. ſ. w. nicht weniger von den heftig würkenden Purgiermitteln, als Gummigutt ꝛc. wird ein Arzt gewiß nur im Nothfall bei Kindern Gebrauch machen.

Die Madenwürmer welche von der Aehnlichkeit mit den Käßemaden ſogenannt werden, befinden ſich gewöhnlich in dem Maſtdarm und nähren ſich in deſſen Schleim: ſie verurſachen oft ein faſt unausſtehliches Zücken in dem Maſtdarm, und der Stuhlgang ſolcher Kranken ſtinkt ſehr.

Die Heilart iſt ſehr leicht und einfach. Man ſetzt das Kind täglich etlichemal eine halbe Stunde auf einen Nachtſtuhl und läßt den Dampf von heiſſer Milch in welcher Knoblauch abgekocht worden, ihm an den Hintern gehen. Sollte ein wiederholter Verſuch nicht helfen, ſo giebt man ein Kliſtier aus halb Milch und halb Oel, oder eins aus Milch in welcher 20. Gran Aloe aufgelöſet worden, und wiederholet ein ſolches etliche Tage nach einander. Stuhlzäpfgen in Oel getaucht würken zu langſam,

sam, und Laxiermittel sind bei diesem Fehler überflüssig.

Der Bandwurm oder Nestelwurm unterscheidet sich von den andern durch folgende Merkmale. Er ist platt und mit Gelenken versehen; es gehen manchmal ganz kleine einzelne Gelenke ab, die wie Kürbiskörner aussehen; und daher auch Kürbiswürmer heissen, manchmal kommen auch Stückgen von einer und mehrern Ellen. Da er sehr selten bei Kindern vorkommt und schwer abzutreiben ist, so muß die Kur allein einem Arzte übergeben werden. Die obigen Wurmarzneien werden in stärkerer Gabe erfordert. Bei der Anwendung des specifischen Mittels ich meine der männlichen Farrenkrautwurzel wird sich ein Arzt eben nicht so streng an das dabei beobachtete Verfahren binden, sondern sie Quentgenweise geben, und ihre Würkung durch ein Laxiermittel unterstützen und befördern. Will er starke Purgiermittel geben, und während der Zeit daß sie ihre Würkung thun sollen den Kranken kaltes Wasser trinken lassen, so wird er, ehe ein solcher Schritt gewagt wird, die Beschaffenheit seines Kranken vorher genau in Erwägung ziehen. Zu weitern Versuchen will ich noch zwei andere Mittel vorschlagen. Das eine ist eine Mischung von gleichviel Ochsengalle und Jalappenwurzelpulver, davon die Gabe nach dem Alter abzumessen; das andere das Oel vom Ricinus oder Kastoröl, dessen man sich bei dem Gebrauch der männlichen Farrenkrautwurzel mit grösserm Vortheitheile als andere Laxiermittel bedienen kann. Klistiere sind dabei Nebenhilfsmittel.

XXVIII. Kapitel.
Der Winddorn, Beinfraß.

Nicht nur die rachitische Schärfe (XXVI. Kap.) sondern auch eine skorbutische, venerische ꝛc. die Versetzung einer Krankheitsmaterie z. B. der Blattern; und endlich auch äuserliche Ursachen ein Fall, Quetschung, Beinbruch, Geschwüre welche schlecht behandelt worden ꝛc. können den Beinfraß oder Winddorn herfürbringen. Zerstöret eine innerliche Schärfe die Knochen, wie dieses bei der englischen Krankheit geschiehet, so greiffet sie gewöhnlich mehrere zugleich oder bald nach ein ander an. Es entstehen an den Fingern, Händen, Zähen, Füssen, am Rückgrad u. s. w. insbesondere an den Gelenken der Knochen, anfänglich harte unschmerzhafte Geschwulsten oder Knoten, welche nach und nach ihre natürliche Farbe verliehren und roth und blau werden, bei einige Schmerzen erwecken, welche denen von Nadelstichen gleich kommen, endlich aufbrechen und sich vereitern; wobei aber die ausfliessende Materie dünn, jaucheartig, und schwarzgefärbt ist, und ranzig stinkt. Das Geschwür giebt keinen guten Eiter, und wächst immer wildes Fleisch, und wenn es sich auch langsam zur Heilung anschickt, so nimmt es doch keine vollkommene an, sondern bricht ehe man es sich versiehet wieder auf. Der Wundärzt kann oft mit dem Fin-

Finger oder der Sonde (Sucher) den angefreſſenen Knochen, der ſich uneben anfühlen läßt entdecken, wenn nicht bei dem Verband ſelbſt, losgewordene abgefreſſene Knochenſtücken ihn verrathen. Man muß ſich wundern, wie einige ſolcher elenden Kinder, ſich viele Jahre ja oft Zeitlebens, wenn ſie ſchon zu einem mannbaren Alter gekommen ſind, mit dieſer Krankheit ſchleppen können, dahingegen andere bald die Kräfte verliehren, anfangen zu ſchwellen, und endlich Waſſerſüchtig ſterben.

Die innerliche Mittel müſſen, wenn eine Hofnung noch zur Geneſung, das Beſte thun. Aber die Langwierigkeit der Krankheit, das kindliche Alter, und, es frei zu geſtehen, der Mangel an wichtigen würkſamen Mitteln, macht die Herſtellung des Kranken oft unmöglich. Man hat ſich von Holztränken und Queckſilbermitteln, insbeſondere dem weiſſen Niederſchlag vieles verſprochen, ſehr oft aber ſeine Hofnung, vereitelt geſehen, auch ſelbſt in ſolchen Fällen wo die Urſache von veneriſcher Art war. Die färberröthe Wurzel kann ſo wie ich im XXVI. Kapitel geſagt habe, wenn die engliſche Krankheit ſolche ſchlimme Folgen hat, dennoch fortgebraucht werden. Von dem Extrackt der blauen Mönchskappe hat man ſichere Beweiſe, daß es eine vollkommene Heilung zu Wege gebracht. Das vorzüglichſte aber unter allen Mitteln, welches die Natur in ihren guten Würkungen am beſten zu unterſtützen ſcheint, iſt der ſtinkende Aſand. Ich habe nicht nöthig die Gaben dieſer Mittel zu beſtimmen da ſie nicht anderſt als unter der Anführung

ei-

eines Meisters in der Kunst gebraucht werden können, welcher im Anfang kleine Gaben wählen, immer nach und nach steigen, zugleich aber auf die Zufälle der Krankheit Achtung geben, und auch diesen die gehörige Mittel entgegen setzen wird.

Bei dem von äuserlichen Ursachen entstandenen Beinfraß, welcher auch leichter zu heben, ist selten ein Arzt nöthig, wol aber ein guter Wundarzt. Und das was ich jetzo sagen werde, kann auch größtentheils bei dem von innern Ursachen entstandenen gelten. Wenn ein Beinfraß verborgen ist, so sucht man ihn durch einen frühzeitig und hinlänglich grossen und tieffen Einschnitt zu entdecken. Bei dem Verband muß der Zugang der Luft, und alle fette und schmierige Mittel, vermieden werden. Das Verstorbene bemüht man sich nach Umständen von dem Gesunden abzusondern. In leichten Fällen werden ein hochstrecktificirter Weingeist, das Nelkenöl ꝛc. hinlänglich seyn. Sitzt der Beinfraß so, daß man mit Instrumenten gut zukommen kann, so kann das Abkratzen mit dazu schicklichen Instrumenten manchmal nöthig und gut seyn. Bei einem tiefsitzenden und harten Uebel muß man oft zu dem Euphorbiumpulver, dem Höllenstein und selbst dem glühenden Eisen seine Zuflucht nehmen. Zeigt sich die Abblätterung so nimmt man mit aller Behutsamkeit das loßgewordene Knochenstück weg. Nie darf man an das Abnehmen eines Glieds gedenken, ausser wenn das Uebel blos örtlich, keine innere Ursachen mitwürken, und sonst keine Hilfe möglich zu seyn erachtet wird. Man kann die Bemühungen der

der Natur in Ersetzung des Knochenverlust's, insbesondere bei Beinbrüchen der Schienbeinröhre, welche durch Verwahrlosung brandig oder angefressen werden und heraus genommen werden müssen, nicht genug bewundern, der Callus vertritt die Stelle der Röhren dergestalt, daß solche Kranken ordentlich gehen können wie vorher.

XXIX. Kapitel.
Die Scrofeln. Der Kropf.

Scrofeln sind Drüsengeschwulste welche am Halse, hinter den Ohren, und unter dem Kinn zum Vorschein kommen. Hier nennt man sie Wiedergenden, anderswo Wachsdrüsen, Tusknoten. Sie erreichen die Grösse von einer Erbsen bis zu einer welschen Nuß, lassen sich mehr oder weniger hart anfühlen, und weil nicht selten ihrer mehrere zugleich vorhanden, sind sie auch uneben; doch bleibt die Farbe der Haut unverändert, ausgenommen wenn sie sich entzünden, und in Vereiterung übergehen: alsdenn verändert sich die Farbe in eine rothe und braune, die vorhin harte Scrofeln werden weich, und wenn sie aufbrechen, gehet eine stinkende Materie heraus, und es giebt gewöhnlich ein schlimmes Geschwür, welches keine gute Narbe hinterläßt. Gehen sie nicht in Vereiterung, so verschwinden sie manchmal von selbsten, kommen aber bald wieder, und dieser Wechsel richtet sich besonders bei denen Kindern, welche böse Köpfe und andere Ausschläge, oder böse Augen haben, nach

die

dieser ihrer Gegenwart oder Abwesenheit, meistens erscheinen sie, wenn solche Flüsse ins Stecken gerathen; und so dauret oft dieser Wechsel von der Zeit des Zahnens an, bis zu den manbaren Jahren. Nicht selten werden die Scrofeln verhärtet und kropfartig, und ob sie gleich alsdenn ohne Beschwerden, oft die ganze Lebenszeit von den meisten getragen werden, so sind sie doch auch oft ein böses Zeichen, insbesondere bei der englischen Krankheit und der Auszehrung, in welchen ähnliche Verhärtungen im Gekröße, die wahre Ursache der Krankheit, und ihres oft schlimmen Ausgangs sind.

Schwächliche Kinder sind den Scrofeln am meisten unterworffen. Sehr oft sind sie auch ein erbliches Uebel. Manchmal erscheinen sie nach hitzigen Krankheiten, als eine Folge einer versetzten Krankheitsmaterie.

Die Behandlungsart richtet sich vornehmlich nach den Ursachen und Umständen: in allen Fällen aber ist eine gute Lebensordnung, sparsamere Nahrung, die Vermeidung der Erkältung, und endlich die Reinlichkeit sehr zu empfehlen.

Wenn mit oder nach Hautausschlägen Scrofeln erscheinen, so wird die im XXI. Kapitel angezeigte Heilart eingeschlagen.

Sind sie bei der englischen Krankheit vorhanden, so befolgt man dasjenige was im XXVI. Kapitel gelehrt worden. Man wiederhohlet Laxiermitmittel, und giebt nachher auflösende Mittel, das Eisen und die Kinkina. Dieses letzte Mittel hilft auch den scrofulösen Augenentzündungen ab, und löset die nach einer Krankheit entstandene Scrofeln ohne sie zu vereitern, auf. Aber alle diese Mittel, so wie auch bei alten verhärteten Scrofeln der Schierling, die Quecksilber und Spießglasarzneien, das Kalkwasser, und andere Genesmittel muß ein Arzt verordnen. Ausser dem wiederholten Gebrauch des N. 6. angezeigten Laxiermittels, nach Maaßgabe des Alters verordnet, kann ich kein Mittel zum innerlichen Gebrauch denen Müttern vorschlagen, als das im XXVII. Kapitel angegebene Quecksilberwasser; aber es muß Wochenweise ja ganze Monate zum Getränke gebraucht werden; man darf aber deßwegen das Quecksilber nicht erneuern, sondern es kann immer alle Tage das nämliche wieder gekocht werden.

Die äuserliche Behandlung ist folgende. Frische Scrofeln oder Wachsdrüsen sucht man durch trockene Kräutersäckgen von Holunderblüte zu vertheilen. Zeigt aber der Schmerz, ihre zunehmende Grösse, und die äuserliche Röthe, daß sie sich vereitern wollen, so legt man entweder den im XVIII. Kapitel angegebnen Ueberschlag aus Honig, Mehl und Safran auf, oder man läßt aus geriebenem weissem Brod oder Semmelgrumen und einer hinlänglichen Menge von N. 9. in einem neuen Topf einen Brey kochen, und legt diesen so warm als es möglich auf, und wechselt alle 3 biß 4. Stunden mit diesem Ueberschlag bis das Geschwür bricht

bricht. Manchmal erfordern solche Geschwulsten die Lanzette. Aber nie müssen die Aeltern dem Bader das so genannte Waizeln gestatten, weil es die Heilung aufhält, und üble Narben macht. Ist die Oefnung des Geschwürs vor sich oder durch den Schnitt groß genug, so ist nichts als die fleissige Reinigung des Geschwürs nötig, die Oefnung wird mit Leinwandfasern die man in N. 9. vorher eintauchen kann ausgefüllt, und oben drauf kann das Diachylon oder Rulandsschwefelpflaster zur Bedeckung dienen.

Sind die Scrofeln hart aber nicht entzündet, und erfordern ausser der innerlichen Heilart auch äuserliche Mittel, so können wenn sie noch in etwas weich sind, das Seifenpflaster oder Froschleichpflaster mit Quecksilber, oder das Ammoniakgummi mit Essig aufgelöset und übergeschlagen ihre Vertheilung bewürken. Man kann auch den Dampf von Essig täglich 2. mal ¼ Stunde lang an solche verhärtete Scrofeln gehen lassen, und sie hierauf mit der Hand sanft reiben, oder zu solchem Endzweck auch ein weiches Tuch gebrauchen, oder auch eine Salbe von Brandewein, Kampfer und venedischer Seife einreiben. Das Mittel N: 13. täglich ein paarmal eingerieben und zu Nacht auf einem Tuch gestrichen aufgelegt gelassen, hat mir bei sehr harten Scrofeln oft gute Dienste gethan. Der Saft von einer grossen und alten Wurzel der gelben Wasserlilie wird ebenfalls zum Einreiben gerathen. Die Heilart alter scrofulöser Geschwüre ist zu sehr zusammengesetzt, als daß man ihre Erklärung hier erwarten dörfte.

Die Kröpfe kommen an der vordern Seite des Halses zum Vorschein, und zwar zwischen dem 8. und 12. Jahre, mehr bei Kindern vom weiblichen als männlichen Geschlechte. Sie wachsen 3. 4. bis 5. Jahre, und in dem leztern halben Jahr stärker als in den übrigen, dergestalt daß die Breite des untern Theil des Halses sehr merklich zunimmt. Alsdenn belegt man die Krankheit mit dem Namen eines Dicken Halses, weil einen Kropf zu haben bei vielen für schändlich gehalten wird. Lassen sich die Kröpfe in dem Anfang ihrer Entstehung weich anfühlen, so werden sie nach und nach immer härter und endlich so hart, daß sie wie Knorpel anzufühlen sind. Ausser der Verunstaltung die sie machen, welche freilich oft sehr unangenehm aussieht, sind sie nicht beschwerlich, ausgenommen, wenn sie durch ihre Grösse und Druck auf die Luftröhren das Odemholen mühsamer machen.

Es sind verschiedene Heilarten unter dem Volk üblich. Die äuserlichen. Man läßt das Kind den Kropf mit seinem Speichel nüchtern reiben. Dieses kann nicht unnütze seyn, es sollte aber auch ohne Speichel, etliche mal des Tags das Reiben wiederholet werden. Ferner, legt man dem Kind ein Halsband von gegerbter oder zubereiteter Menschenhaut an. Dieser Einfall ist ziemlich kindisch; und das wunderbare der Würkung, wird wol in dem mechanischen Druck den dieses mehr oder weniger

niger steife Leber macht, verborgen seyn. Nur denn wenn der Kropf zertheilet ist, kann eine in etwas steife Halsbinde seinem neuen Anwuchs vorbauen. Endlich bringt man auch einen solchen Kranken zu einem Todten, läßt ihn seine Hand fassen, mit derselben den Kropf berühren und einige mal reiben. Ein solcher Versuch, der wie eine genaue Beobachtung und Erfahrung lehren, ebenfalls nichts hilft, kann noch über dieses durch den bei der Handlung selbst verursachten Schrecken, gefährliche Folgen auf die Gesundheit des Kindes haben.

Zum innerlichen Gebrauch bedienet man sich des zu Pulver gebrannten Badeschwamms, mit allerlei Ingredienzien z. B. Pinsenstein, Scharlach und andere Flecklein, die aber sammt und sonders mit dem Schwamme in einem wohlbedeckten Hafen zu Pulver verbrannt werden, und macht daraus ein Kropfwasser, welches man im abnehmenden Monde, vermuthlich weil zu dieser Zeit die Kröpfe meistens von selbst kleiner werden, nehmen, und 2. bis 3. Monate nach einander wiederholen muß. Ich will diesem Mittel seine Würkung nicht absprechen, so viel glaube ich aber bemerkt zu haben, daß es selten eine vollständige Heilung zu Stande bringe, in dem die Kröpfe gewöhnlich nach einiger Zeit wieder kommen. Die Ursache liegt manchmal an dem Gebrauch des Mittels, welcher weder durch Ausleerungen noch stärkende Dinge, noch auch durch eine gute Diät unterstützt, nicht selten zu früh ausgesetzt wird. Die beste Art den Badeschwamm zu gebrauchen ist folgende.

Man

Man nimmt zuerst eine hinlängliche Gabe von N. 3., nach welcher durch das Erbrechen, der Kropf wenn er nicht ganz hart ist, augenscheinlich sich vermindert. Den Tag darauf fängt man mit N. 14. an, und nimmt Morgens und Abends jedes mal eine Gabe, mit Zucker oder in Honig u. s. w. nach 6. Tagen sezt man mit dem Pulver aus, und giebt am 7ten eine dem Alter bestimmte Gabe von N. 6. und so fährt man wechselweise fort bis die Besserung ganz erfolgt, am Ende laxirt man noch einmal. Die äuserliche Mittel insbesondere das Reiben, und andere, deren bey den Scrofeln gedacht worden, können zugleich gebraucht, anhaltend fortgesetzt werden.

Wem diese Heilart nicht gefällt, kann das blosse Kuchensalz zu 1 ‒ 2. Kaffeelöffelgen voll, alle Morgen nehmen, etliche Monate damit fortfahren, und ebenfalls in der Zwischenzeit manchmal laxieren.

Ein sehr wohlfeiles Mittel geben endlich die Eyerschalen ab. Man läßt sie so lange im Feuer bis sie braun werden in einem Topf glühen, denn stosset man sie zu Pulver, und von diesem giebt man Morgens und Abends 30. bis 40. Grane in einem Glas guten alten rothen Wein. Ehe man die Kur die einen ganzen Monat und länger erfordert, anfängt, wird laxirt. Ob sie gleich nicht allemal gelingt, so ist doch dieses geringe Mitel weiterer Versuche werth. Aerzten überlasse man die Mittel aus dem Quecksilber, Spießglaß, Kinkina, Schierling

ling u. s. w. nach dem die Krankheit sich in einem Stand befindet oder ausartet.

XXX. Kapitel.

Fehler bei dem Urinlassen.

Ausser der gänzlichen Zurückhaltung des Urins, welche eine wiedernatürliche Verwechslung der Harnröhre zur Ursache hat, deren Behandlungsart in dem VII. Kapitel gelehret worden, giebt es noch zwei andere Fehler bei dem Urinlassen, ich meine die Verstopfung, und die Unaufhaltsamkeit des Urins. Der erstere kommt mehr bei Neugebohrnen und Säuglingen, der letzere bei etwas erwachsenern Kindern vor.

Wenn Säuglinge keinen Urin lassen, und ihre Windeln gar nicht naß sind, so lieget die Schuld gewiß an der Amme, oder an der Behandlung des Kindes. Die Amme kann die Ursache seyn, wenn sie nicht mit hinlänglicher Milch versehen ist, oder sie dem Kind nicht giebt. Hier wird eine Untersuchung der Brüsten nötig seyn; findet man sie leer, so kann man allenfalls versuchen, was eine gute Nahrung und gehörige Lebensordnung nebst dem fleissigen Gebrauche des Fenchelsamen in Thee oder Pulver ꝛc. zur Vermehrung der Milch beitragen kann; erreichet man aber seinen Endzweck nicht bald, so verwechsele man die Amme oder ziehe das Kind ohne Brust auf. Die Behandlung des Kindes wird man darinn fehlerhaft finden, daß man ihm nicht genug zu trinken giebt,

giebt, daß man es zu warm hält, und das Kind also zu viel schwitzt und folglich keinen Urin läßt. Diesem Fehler kann durch fleissiges Trinken, insbesondere von N. 1. und ein kühleres und reinliches Verhalten, abgeholffen werden.

Es ist in der That betrübt ein Kind in denen Zufällen zu sehen, welche von der Verstopfung des Urins herrühren, und man muß sich wundern wie es möglich, daß es manchmal nach einem solchen Sturm, sogleich wieder munter ist. Der Urin gehet bei einer Verstopfung dick, trübe, nur Tropfenweise und mit Mühe ab, manchmal so gar blutig, oft so scharf daß er die Theile welche er berührt fratt und wund macht; auf den Windeln findet man, wenn sie getrocknet sind, röthlichen Sand, wie in den Sanduhren: die Kinder winden sich, ziehen die Beine an sich und in die Höhe, sie schreien und winseln oft jämmerlich; manche kratzen sich auch so heftig an der Schaam und Schaamgegend, daß das Blut nach lauft: einige sind dabei verstopft, andere haben Erbrechen, Leibschmerzen, und einen anhaltenden sehr flüssigen Durchfall, insbesondere in den ersten Monaten ihres Lebens: bei manchen finden sich zugleich Hitze, Durst und Fieberbewegungen ein. Wenn endlich die Urinblase voll ist, und von einem Krampf oder andern Ursachen der Abgang des Urins gehindert wird, so zeigt sich über der Schaam eine Geschwulst, von der Ausdehnung der Blase, welche man nicht berühren darf, ohne dem Kinde die heftigste Schmerzen, welche es

L 4   durch

durch das Schreien zu erkennen giebt, zu verursachen.

Die gewöhnlichsten Ursachen aller dieser Zufälle sind, Schleim, Sand oder Gries und Stein. In äuserst seltenen Fällen, können auch der Mastdarmblutfluß, eine Art Madenwürmer, welche den Abgang des Urins verhindern, und andere in die Harnröhre oder Blase gebrachten Körper u. s. w. die Ursache abgeben. Was die Steinbeschwerden betrifft, so sind ihnen die Mägden weniger ausgesetzt als die Knaben. Meistentheils ist das Uebel ein Erbstück von den Aeltern. Daß aber der dicke zähe Mehlbrey, zu lange anhaltendes Liegen auf dem Rücken in einem warmen Federbette, u. s. w. eine natürliche Geneigtheit zur Erzeugung des Steins befördern könne, läßt sich mit aller Wahrscheinlichkeit behaupten.

Bei der Kur kommt es ausser der Diät der Amme und des Kindes von welcher ich schon öfters gesprochen habe, sowohl auf allgemeine, als besondere den Umständen angemessene Mittel an. Allgemein nützlich kann N. 1. als Getränke seyn; wenn aber eine grosse Schärfe des Urins bemerkt wird, welches das fratt werden anzeiget, so wird z. B. eine Mandelmilch, weit dienlicher seyn als eine Mischung von Wasser, Zitronensaft und Zucker, und diese hingegen wird jener vorzuziehen seyn, wenn sich Durst und Hitze einfinden. Von innerlichen Mitteln kann man sich N. 4. Messerspitzenweise bis zu 1. Kaffeelöffelgen voll täglich 3-4. mal nach Maaß-

gabe

gabe des Alters mit Nutzen bedienen. Es müssen aber allemal Kliestiere, auch solche welche durch einen Zusatz von Küchensalz in der Würkung verstärkt werden, vorhergehen. In eben solcher Gabe sind auch die gebrannten Eyerschalen, derer ich im vorigen Kapitel Erwehnung gethan, als ein gutes Urin treibendes Mittel zu gebrauchen. Man kann sie in Honig geben, da dieses ohnehin als ein gutes Mittel solchen Steinerzeugungen vorzubauen gerühmt wird. Ein bekanntes gutes Hausmittel ist das mit Wasser abgekochte Petersilgenlaub, oder in Ermanglung desselben das destillirte Wasser, welches man Löffelweise geben kann. Noch würksamer ist ein wässerichter Aufguß des Saamens der wilden Karotten oder gelben Rüben: man nimmt nämlich 1. Löffel voll dieses Saamens, giesset ½ Nösel oder Schoppen kochend Wasser darauf, und giebt dem Kind täglich etliche Löffel voll. Nur alsdenn wenn der Schmerz äuserst heftig zu seyn scheint, darf ein behutsamer Arzt ein Mohnmittel geben. Unter seiner Leitung wird bei etwas ältern Kindern, wenn wirklich ein Stein vorhanden seyn sollte, das Kalkwasser und die Seife, der versüßte Salpetergeist, die Blätter der Bärentraube, ein Weinaufguß von Dornschleenwurzeln u. s. w. mit Nutzen können angewendet werden. Und seiner Einsicht überlasse man es, einen Versuch mit der fixen Luft zu wagen. Man giebt zuerst einige Grane Weinsteinsalz in einigen Unzen Wasser aufgelöset, und jedesmal gleich hinter her einige Tropfen Vitriolgeist in einem destilirten Wasser; täglich 3. oder 4. mal. Diese Methode die fixe Luft als ein würksames innerliches Mittel zu gebrauchen, wird billig als die beste angegeben.

Von den äuserlichen Mitteln beweiset die Erfahrung daß sie sich in den meisten Fällen noch weit würksamer beweisen als die innerlichen, und daß diese ohne ihre Mitwürkung sehr oft unthätig geblieben. Man verdenke es also den Müttern nicht, wenn sie in der Hofnung ihren Kindern die Schmerzen zu erleichtern, und ihnen zu helfen, Zwiebeln mit Butter unter der Asche braten, und als einen Brey warm auf den Bauch und die Schaamgegend auflegen; oder einen Rick Garn in Milch kochen und fleissig warm überschlagen; oder endlich den Unterleib mit Baumöl allein, oder mit einem Zusatz von einigen Tropfen Wacholderöl, warm einreiben.

Wichtiger als alle diese Mittel ist unstreitig ein Bad von warmen Wasser, oder halb Wasser und halb Milch ebenfalls warm, in welches man das Kind bis an die Brust sitzen läßt. Die beste Linderung der Schmerzen aber und die Beförderung des Abgangs des Urins verschaffen die Klistiere, welche desto nothwendiger sind, wenn der Kranke zugleich verstopft seyn sollte. Man kann ihren wiederholten Gebrauch mit dem Bade abwechseln lassen. Wenn die volle Blase auf den Gebrauch eines Klisters sich nicht entlediget, so wird die Anwendung des Kateters, welche der Wundarzt zu besorgen weißt nöthig. Sollte man durch die Untersuchung mit der Sonde oder dem Kateter oder in

dem

dem man mit dem Finger durch den Mastdarm zu fühlet, von der Gegenwart eines Steins in der Blase überzeuget seyn, aber auch zu gleich wissen, daß derselbe wegen seiner Grösse oder Unebenheit rc. nicht durch die gewöhnliche Wege kommen könne, so wird man zu solchen schleimichten Einspritzungen, welche seine schlimme reitzende Würkungen unwürksam machen sich wenden, nie aber ausser im äusersten Nothfall, den Steinschnitt zu unternehmen sich wagen, weil, wenn er auch gelingt, doch die Geneigtheit zur Erzeugung der Steine nicht aus dem Körper geschafft werden kann.

Es ereignet sich auch manchmal, daß ein Stein in der Harnröhre stecken bleibt, und auf diese Art eine Verstopfung des Urins entstehet. In diesem Fall hilft manchmal das Saugen an der Harnröhre. Erweichende Ueberschläge von Brodgrumen und Milch fleissig übergeschlagen werden sehr dienlich seyn. Sie helfen auch da wo eine Schärfe des Urins bei Knaben zu einer Verschwellung der Vorhaut hinter der Eichel, welchen Fehler man Paraphimosis nennt, verursachet. Wenn aber weder durch Ueberschläge, noch durch das Saugen der Stein heraus gebracht werden kann, sondern stecken bleibt, so muß ihn endlich der Wundarzt durch einen vorhergehenden geschickten Einschnitt herausnehmen.

Die Unaufhaltsamkeit des Urins kann ebenfalls von Steinbeschwerden herkommen, und wird alsdenn auf die nämliche Art die eben angegeben wor-

worden behandelt. Eine andere Ursache wird insbesondere bei Kindern welche die englische Krankheit haben, der dicke Bauch in welchem sich die Blase nicht gehörig ausdehnen kann, abgeben. Hier wird die im XXVI. Kapitel beschriebene Heilart angemessen seyn, die beständige Neigung den Urin zu lassen zu heben. Gewiß sehr selten rühret es von einer Lähmung der Blasenmuskel, wenn der Urin beständig Tropfenweise abgehet; sollte es aber geschehen, so wird die Kur einem Arzte aufgetragen, und die Kinkina und das Eisen innerlich, die spanische Fliegentinktur und Senfüberschläge auf das sogenannte heilige Bein, äuserlich angebracht, können die Genesmittel seyn. Die gewöhnlichste Art der Unaufhaltsamkeit des Urins ist, wenn Kinder von einigen Jahren den Urin zu Nacht nicht halten können, sondern wider ihren Willen unbewußt ins Bette lauffen lassen. Sie hat verschiedene Ursachen, unter welchen aber die Unreinlichkeit, das nächtliche Trinken das Bloßliegen ꝛc., die vornehmsten; kommt noch Nachsicht dazu, so wird das Uebel gewiß zur schändlichen Gewohnheit. Bei ältern Kindern kann auch das Käßessen schuld seyn. Die Heilart beruhet vorzüglich darauf, daß Kinder von Anfange an sehr reinlich gehalten und fleissig trocken gelegt werden; man gebe ihnen zu Nacht nicht zu trinken, gewöhne sie ehe man sie schlafen legt den Urin zu lassen, und wecke sie auch in der Nacht auf, wenn man vermuthet daß sie die Nothwendigkeit ankommt: Aeltere muß man mit Vorstellungen und Drohungen schamhaft zu machen suchen. Auf diese Art kann dem Uebel vorgebauet und ab-

gehol-

geholfen werden. Ich habe gesehen, daß bei einem Knaben bei welchem nichts fruchten wollte, wiederholte Senfüberschläge N. 8. über dem heiligen Bein in Rücken, nützlich waren; glaube aber den guten Erfolg mehr der Furcht für mehrern Schmerzen, als dem Senfteig zuschreiben zu können. Weder Eicheln in rothem Wein gekocht, noch verbrannte Kröten oder Hörner von Schrötern in Säcklein am Halse getragen, noch andere solche zum Theil eckle Mittel können was helfen.

XXXI. Kapitel.
Der Brusthusten. Der Steckfluß.

Es ist nichts ungewöhnliches daß Kinder Husten und Schnuppen oder Katharren bekommen. Der Säugling oder das Wiegenkind, welches sehr warm gehalten wird, ist bei einer Erkältung der Amme oder wenn es an eine kalte Luft gebracht oder sonst erkältet wird, eben so leichte solchen Brustbeschwerden unterworfen, als der Knabe, welcher sich mit Schneeballen belustiget, oder auf andere Art der Kälte aussetzet. Kopfschmerzen, Niesen, Heiserkeit u. s. w. sind die Gefährten des Husten, der im Anfange trocken, nach etlichen Tagen aber, mit einem schleimigten anfänglich dünnen, nachher aber dickeren Auswurf verbunden ist. Kleinere schlucken den Schleim hinunter, grössere aber spucken oder werfen ihn aus.

Bei

Bei Säuglingen wird ein Katharrhusten oft sehr bald gehoben, wenn das Kind warm gehalten wird, und die Amme fleissig Magnesie nimmt. Kindern, die keine Amme haben giebt man N. 1. so warm sie es trinken können, wendet bei vorhandener Verstopfung N. 2. an, und wenn ein Röcheln auf der Brust zähen und viel Schleim anzeiget, so giebt man von N. 3. Löffelweise bis Erbrechen oder Stulgang erfolgt. Aeltern Kindern kann N. 2. deßgleichen Thee mit Anis oder Fenchelsaamen, Thee mit Honig oder Zuckerkand, selbst Kaffee, alle warm, gegeben werden; jeden 3. oder 4. Tag ist eine angemessene Gabe von N 6. und in den Zwischentagen, wenn der Schleim sich nicht gehörig ablösen will und zähe ist, der Meerzwiebelsaft Kaffeelöffelgenweise alle 2. bis 3. Stunden 1 oder 2. dergleichen zu nehmen, dienlich. Der Dunst von warmen Wasser oder Milch eingeäthmet ist für etwas ältere die damit zu Stande kommen können, ein gutes Mittel wider die Heiserkeit. So sind auch Fußbäder vor Schlafengehen für ältere Kinder sehr nützlich. Der sogenannte Lederzucker oder Eibischpasta ist alsdenn insbesondere zu gebrauchen, wenn ein Reiz in der Luftröhre kitzelt und der Schleim sehr dünne ist. Der Lakritzen oder Süßholzsaft wird von vielen Kindern sehr gerne genommen, und er ist auch wirklich von gutem Nutzen. Diese Mittel sind gewöhnlich hinlänglich. Man hat nicht nöthig seine Zuflucht zu dem Wallrath, den Oelen, Säften, Hustenzältlein u. s. w. zu nehmen. Die erstere sind weil sie leichte ranzig werden und den Magen verderben, unschicklich, und letztere

wer=

werden wenn sie Mittel aus dem Mohnsaft enthalten, leicht schädlich. Auch bei dieser Krankheit rathe ich den Aeltern beruhigende und schlafmachende Mittel, so vortreflich ihre Würkung seyn kann, nicht zu geben, wenn sie nicht von einem Arzte verordnet worden. Noch kann ich auch nicht unerinnert lassen daß wenn ein Kind starke Hitze und zugleich eine sehr weisse Zunge haben sollte, daß sage ich in einem solche Fall, insbesondere bei ältern, Blutigel hinter die Ohren mit vielem Nutzen zusetzen. Nur ein lang anhaltender und verwahrioseter Katharrhusten, kann endlich in eine Auszehrung übergehen. Hier wird ein Arzt nach Umständen Ausleerungsmittel, die Kinkina und Blasenpflaster, nach Anzeige der Umständen vorschlagen.

Der Steckfluß ergreift meistens volleibige Kinder, welche bis zum Uebermaaß ernähret worden. Man merkt daß der Schleim ihre Brust umfängt; sie holen schnell Odem, röcheln, und man siehet aus ihrem ängstlichen Betragen daß sie alle Augenblicke der Gefahr zuersticken unterworfen sind: ist der Steckfluß wirklich da, so können sie nicht mehr Odem hohlen, sind sich nicht selbst bewußt, einige werden roth und blau im Gesicht, die äusern Glieder werden kalt, und sie lassen wenn man sie in die Höhe hebt Aerme und Beine sinken. Oft kommt die Hülfe zu spat. Es mag aber eine Erkältung oder ein anderer Diätfehler, oder zurückgetretene Ausschläge ꝛc. schuld seyn, so ist das erste Mittel von Würksamkeit, N. 3. Löffelweise gegeben das beste. Man darf aber weder damit zaudern,

dern, noch es auch zu sparsam geben, weil eine schleunige Hülfe nötig ist. Schluckt das Kind die Artznei nicht, so nehme man eine in Oel getauchte Federspuhle, und bringe sie so weit es seyn kann in den Rachen um einen Reitz zum Erbrechen zu erwecken. Ausser diesen Mitteln müssen auch Klistiere und insbesondere solche die mit Salz verstärkt sind, fleissig wiederholet werden, bis sie hinlängliche Würkung gethan und die Gefahr überstanden ist. Die Brust kann man mit warmen Tüchern reiben, und unmittelbar auf dieselbe, wenn alles vergebens scheinet N. 8. auflegen. Wenn der Kranke gerettet ist, so wird ihn eine sparsamere Lebensordnung und der Gebrauch einiger Abführungsmittel für Rückfällen bewahren. Bei zurückgetretenen und nicht wieder erscheinenden Ausschlägen, verfährt man nach einer jeden Art und Beschaffenheit, wie in dem XXI. Kapitel gesagt werden.

XXXII. Kapitel.

Der Magenhusten.

Er unterscheidet sich von andern so wol durch seine Ursachen als auch die Zufälle und Zeichen. Jene sind Mehlbrey, Brod, Kuchenwaaren, Zuckergebackenes u. s. w. im Ueberfluß genossen, welche der Magen nicht verdauen kann, daher denn Schleim und Säure die gewisse Folgen sind. Diese sind folgende: Der Husten kommt gewöhnlich nach Tische, oder früh Morgens und zu Nachts bei leerem Magen; ehe er anfängt spüren die Kranken ein Kitzeln oder Reitz unter der Herzgrube, wo sie auch eine drückende Schwere empfinden. Gewöhnlich mögen sie nicht essen, denn es ist seltener daß eine Freßbegierde statt hat, haben Auffstossen, einen harten aufgeblähten Magen, eine unreine Zunge und schlimmen Geruch aus dem Munde, und bei dem Husten eine Neigung zum Erbrechen, wobei endlich unter vielem Würgen ein zäher Schleim herauskommt. Sie holen leichter Odem und können auch denselben besser an sich halten, ohne zu husten, als bei dem Katharrhusten; welches aber nicht geschiehet, wenn beede Arten zugleich vorhanden sind.

Die Heilart erfordert N. 3. so lange Löffelweise zu geben bis Erbrechen erfolgt; kommt nicht von selbst zugleich Stuhlgang, so hilft man ihm durch N. 2. bei Kleinen nach, bei ältern Kindern kann Tags darauf eine dem Alter bestimmte Gabe von N. 6. gegeben werden: und so fährt man jeden zweiten oder dritten Tag fort. Eine sparsame Lebensordnung ist dabei vorzüglich nötig, denn wenn man hierinn nicht vorsichtig ist, so läßt sich der Husten schwerlich heben, und ist er auch weg, so kommt er leicht wieder. In der Zwischenzeit kann der Meerzwiebelsaft nützlich seyn. Hat sich der Husten gelegt, so wird um dem Magen zu stärken N. 7. einige Tage nach einander gebraucht, ein sehr gutes Mittel seyn.

Ich muß noch anmerken, daß sich dieser Husten auch bei Wechselfiebern, insbesondere 4tägigen ein-

einfinde, und so denn die Behandlung des Wechselfiebers erfordere. Wird der Husten sehr heftig, so kommt er dem in folgendem Kapitel abzuhandelnden Keichhusten nahe; die Heilart aber bleibt immer die nämliche.

XXXIII. Kapitel.
Von dem Keichhusten.

In den ersten Tagen ist er von einem Katharrhusten kaum zu unterscheiden; nachher wird er heftiger, und stellt sich zu gewissen Zeiten, oft alle Stunden auch wol früher, in gewissen Anfällen ein. Ehe ein solcher Anfall kommt, empfinden die Kranken in dem Schlund oder vielmehr der Luftröhren und Herzgrube ein Kitzeln, welches sie durch leeres trockenes Husten suchen los zu werden, aber doch nicht unterdrucken können, und welches ihnen den bevorstehenden Anfall verkündiget: endlich kommt der Husten mit aller Gewalt, sie holen sehr beschwerlich Odem, scheinen auszubleiben, und man höret dabei einen Laut der dem Eselsgeschrei ähnlich klingt. In diesen Umständen bringen sie bei heftigen Anfällen einige Minuten zu, und man glaubt daß die Erstickung unvermeidlich; dieses mag zu dem Nahmen Stickhusten Anlaß gegeben haben. In dem Anfalle wird das Gesichte aufgetrieben und braun und blau, die Augen werden bei manchen heraus getrieben und starr; Thränen fliessen über die Wangen, und durch das Niesen kommt oft zum Munde und Nase eine Menge zähen Schleims.

Man-

Manchen schiesset auch das Blut zu Mund und Nase heraus: andern springen die Lippen auf und bluten; seltener entstehen selbst in den Augen Blutunterlaufungen. Bei den meisten ist die Zunge unreine. Oft wissen die Kinder nicht was sie aus Angst anfangen sollen, sie lauffen umher, und wenn sie sich nirgends feste halten können oder gehalten werden, so stemmen sie sich an einer Wand an, und halten so den Anfall aus. Einige fallen sinnlos dahin und liegen gleichsam erstarrt da, andere werden von Gichtern oder Zuckungen ergriffen. Bei einigen kommt ein Schluchsen, bei andern ein Herzklopfen, noch andere lassen während der Beängstigung den Urin und die Exkremente von sich. Meistens endiget sich der Anfall mit einem Erbrechen, und wenn er auch vorher aufzuhören scheint, so läßt er doch nicht eher ganz nach, bis alles was von Speise und Trank im Magen ist, nebst einem sehr zähen Schleim ausgebrochen wird. Nach geendigtem Anfall bricht ein starker kalter Schweiß im Gesichte aus, und der Kranke ist matt; er erholet sich aber nach einigen Minuten, und wird so munter daß man ihn für gesund hält, bis wieder ein neuer Anfall den vorigen traurigen Auftritt wiederholet. Die Anfälle erscheinen immer in kürzern Zwischenräumen, je mehr die Krankheit zunimmt, sie stellen sich auch bei Nacht ein und rauben dem Kranken den Schlaf; wenn sie aber grössere Zwischenräumen bekommen, und nicht so heftig sind und so lange anhalten, so ist es ein Zeichen daß die Krankheit nachlasse. Bei einigen halten die Anfälle eine bestimmte Zeit. Die meisten Kranken befinden sich

wie

wie bei einem 3tägigen Wechselfieber, um den andern Tag schlimmer; einige bekommen ein Katharralfieber, noch andere den Seitenstich.

Es werden Kinder von allen Alter mit diesem gewöhnlichen epidemischen, doch nicht ansteckenden Husten überfallen, doch erfährt der Säugling seine Heftigkeit stärker als das ältere Kind, welches wenn es schon das dritte Jahr erreichet hat, und sonst gesund ist, nicht leicht der Gefahr sein Leben zu verlieren ausgesetzt ist; dahingegen das Kleine besonders wenn zugleich die Zahnarbeit sich einfindet, leicht Gichtern oder Zuckungen unterworffen ist, und nicht selten durch einen Steckfluß oder eine Erstickung in dem Anfall selbst tod bleibt; oder langsam durch die Länge der Zeit von Kräften erschöpft, an der Auszehrung stirbt. Starke Hitzen, ein den Kranken nicht erleichterndes Nasenbluten, vertrocknete Hautausschläge u. s. w. lassen nicht viel gutes hoffen.

Unter die gefährliche Folgen der Krankheit, welche aber zum Glücke nicht oft vorkommen, sind die Versetzungen auf die Brust, welche den Seitenstich verursachen, auf die Knochen, woraus der Beinfras entstehen kann, die Lähmungen, Brüche von der Gewalt des Hustens, der Verlust des Gedächtnisses und der Urtheilskraft u. s. w. zu zählen. Erleichterung schaffende Schweisse, oder Durchfällen, welche aber selten, indem die meisten Kranken beständig verstopft sind, Ausschläge, geschwollene Ohrendrüsen und andere Geschwüre, sind hingegen in dem Verfolg der Krankheit sehr heilsam, und

zei-

zeigen, wenn sich zugleich die Anfälle vermindern und der Kranke Eßlust und Schlaf bekommt, eine glückliche Wendung und einen guten Ausgang an; Würmer scheinen zwar den Keichhusten zu unterhalten, niemal aber werden sie ihn herfürbringen. Nicht selten ist er der Vorläuffer von andern epidemischen Krankheiten z. B. Blattern, Masern, Scharlachfieber, oder er folgt auf dieselbe, und alsdenn nicht zum Vortheil des Kranken, der sich vielleicht von der vorhergehenden Krankheit noch nicht ganz erholet hat. Die beste Behandlung kann ihn oft kaum in einigen Wochen bezwingen, und sich selbst überlassen dauert er Monate lang fort.

Die Heilmethode. In dem Anfange sind N. 1. und 2. bei kleinen Kindern hinlänglich, Aeltern giebt man jeden 3. oder vierten Tag eine Gabe von N. 6. hat der Husten schon über 8. Tage angehalten, und das freywillige oft mit Erleichterung verbundene Erbrechen giebt zu erkennen daß man ein Brechmittel als Arznei zu wählen habe, so wird N. 3. nach Maaßgabe des Alters gegeben, und zwar wenn der Husten seine bestimmte Perioden hält, eine oder 2. Stunden vor dem Anfall, oder wenn der Kranke sich an einem Tage besser befindet als an dem andern, an dem guten Tag. Fährt man auf diese Art einige Tage fort, so werden die Zwischenzeiten länger, die Anfälle nicht so heftig und der Kranke wird sich bessern. Es ist nöthig daß man kleine Kinder fleissig klistiere und grössern N. 4. fleissig gebe. In der Zwischenzeit kann man auch den Meerzwiebelsaft von kleinen Kaffeelöffelgenweise und grössern in gedoppelter Gabe gebrauchen lassen. Zum gewöhnlichen Getränke können dünne Hafergrütze, Gersten oder Sagowasser N. 1., oder auch ein jeder anderer schleimichter Trank dienlich seyn.

Da alle Brustmittel aus Oelen, Wallrad ꝛc. unnütze und schädlich, so hat man sich auch noch mehr vor denjenigen zu hüten, welche Mohnsaft enthalten, weil ihr Gebrauch so gewiß dem Leben und der Gesundheit nachtheilig, als scheinbar gut ihre Würkung ist. Wenn auf wiederholte Klistiere Brech- oder Laxiermittel sich eine merkliche Besserung äussert, der Kranke frei Odem holet, Eßlust hat ꝛc. aber doch noch entkräftet ist, und sich auszuzehren scheint, so wird man N. 7. alle 3. Stunden zu 1. Löffel voll geben können, aber wenigstens einige Wochen damit anhalten. Finden sich während dem Gebrauche neue Anhäufungen von Schleim, so müssen Brechmittel wiederholet und N. 7. alsdenn auf 1. oder 2. Tage ausgesetzt werden.

Sollten Brechmittel ꝛc. nicht schon hinlänglich die Krämpfe stillen, so könnten kleine Gaben von Zinkblüten versucht werden. Wenn aber die Ausführung der Kur schon eine grössere Einsicht erfordert, weil die Umstände verwickelt, und die Zufälle vervielfältiget sind, so wende man sich lieber an einen Arzt, welcher alsdenn das angemessenste Mittel, es mag Biesam, Asand, Bibergeil, Tabacksextract, Schierling, oder wie es will, heissen, wählen, und nach Umständen anwenden wird.

Von

Von äuserlichen Mitteln können laue Fußbäder bei ältern nützlich seyn. Nur denn wenn Blutflüsse sich zeigen oder Blutunterlaufungen in den Augen entstehen, werden Blutigel hinter die Ohren, oder im letzten Fall unter das untere Augenlied angesetzt. N. 2. kann, wenn die Krankheit langwierig ist, oder vertrocknete Ausschläge am Kopf ꝛc. als Gelegenheitsursache erkennet, in Nacken oder an die Waden als ein Ableitungsmittel angebracht und einige Wochen unterhalten werden. So wenig man auf alle specifische Mittel vielleicht büchsenförmige Flechte ausgenommen, zu halten, so nötig ist eine gute sparsame Lebensordnung. Der Säugling muß nicht zu oft gestillt werden, wenig und alsdenn wenn der Anfall lange schon vorbei ist, trinken. Eben so nötig ist die Vorsicht bei dem Umkleiden, wegen der Erkältung. Kinder von einigen Jahren sollen weder zu viel noch harte und unverdauliche Speisen zu essen bekommen.

XXXIV. Kapitel.

Die kalten oder Wechselfieber.

So selten sie hier zu Lande sind, denn ich weiß in 7. Jahren nicht mehr als 3. Leute, welche Wechselfieber aus entfernten Gegenden mit brachten, keinen aber der es im Ort selbst bekommen; so oft kommen sie in andern Gegenden vor, ja sie sind zu manchen Zeiten so allgemein herrschend, daß sie selbst den Säugling nicht verschonen. Man nennt sie Wechselfieber, weil die Anfälle des Fiebers zu gewissen

wissen Zeiten und Stunden wiederkommen, da in der Zwischenzeit der Kranke frei von allen Zufällen ist. Ist der Kranke keinen Tag frei, so heißt das Fieber ein alltägliches; zwischen drei Tagen einen, so ist es ein dreitägiges; und wenn zwischen 4. Tagen 2. Fieberfreie sind, ein viertägiges.

Die Zufälle welche den Fieberanfall ausmachen sind folgende. Die Kinder werden an Händen und Füssen kalt, bekommen blaue Nägel, sehen blaß und krank, einige bekommen auch Frost und Zittern oder statt desselben einen Anfall von Gichtern; nach einer Stunde oder später erfolgt ein Durst, und darauf eine brennende Hitze über den ganzen Körper, aber ohne Schweiß: oft erbrechen sich die Kranken, sind sehr unruhig, endlich erfolgt nach 2. oder 3. Stunden ein Schweiß und nach diesem werden sie wieder munter, ja einige sind so wol daß sie zu essen verlangen, da andere nichts oder nicht mit Lust essen: die Zunge ist gewöhnlich unrein. Einige bleiben viele Stunden in der Mattigkeit liegen. Wenn auch nicht der erste Anfall das Fieber kenntbar macht, so wird es doch eine aufmerksame Betrachtung des zweiten zu thun vermögend seyn.

Was die Heilart betrifft, so ist nachstehende Methode als die sicherste zu beobachten. In dem Anfang des Anfalls lasse man Wasser mit dem dritten Theile Milch vermischt, oder Schotten ꝛc. lauwarm trinken; erfolgt der Schweiß so gebe man es ganz warm, oder auch einige Schaalen voll Holunderblütethee, um ihn zu befördern. Man halte den
Kran-

Kranken ruhig im Bette, belästige ihn aber nicht mit Federbetten, noch weniger mit starkem Heitzen der Stube. Nach dem Anfall suche man die Ursache des Fiebers zu heben. Da diese insgemein in unverdauten Speisen, Schleim ꝛc. in dem Magen und denen Gedärmen zu suchen ist, und das in dem Anfall erfolgte Erbrechen sie oft deutlich genug zeiget, so folge man hierinn der den weg zur Genesung anweisenden gütigen Natur, und gebe N. 3. Löffelweise bis Erbrechen erfolgt: und zwar folgendermaßen, daß man in dem alltägigen Fieber, eine Stunde nach dem der Anfall vorbei ist es nehmen lasse; in dem dreitägigen früh Morgens an dem guten Tage, und im 4tägigen an dem zweiten guten Tage, ebenfalls früh Morgens. Läßt man noch ehe es würkt ein Kliestier geben, so wird das Brechmittel seinem Zwecke desto besser entsprechen, in dem es gemeiniglich alsdenn oben und unten abführet. In der zweiten und dritten Zwischenzeit, bedienet man sich der nämlichen Mittel auf eben dieselbe Art. N. 6. kann gewählet werden, wenn ein Bruch oder eine andere Gegenanzeige die Brechmittel verbieten. Sollte auf diese Mittel das Fieber nicht ausbleiben, so kann man dennoch ohne Gefahr zu dem Gebrauch der Fieberrinde oder Kinkina schreiten. Säuglingen kann man in der Zwischenzeit den Syrup von Kinkina Löffelgenweise geben, und auch in Klistieren die Abkochung derselben beibringen hat das Kind eine Amme so kann sie alle 2. Stunden ½ Quentgen Kinkinapulver in Wasser oder in Milch nehmen. Kindern von einigen Jahren kann man ebenfalls 12–15. Grane täglich 3--4 mal in Milch mit Zucker versüßt beibringen, oder N. 7. täglich etliche Löffel voll, oder endlich wenn sie keine Arznei einnehmen wollen, zuerst ein Küstier mit Salz zum Abführen, und hierauf Morgens und Abends am fieberfreien Tage, ein solches, welches aus 1-2 Loth Kinkinapulver mit 4. bis 6. Unzen Wasser abgesotten, durchgeseihet und mit etwas Honig versetzt ist, geben lassen. Ereignen sich Zuckungen während dem Fieberanfall, so giebt man ein Klistier, und um sie bei dem folgenden zu vermeiden, wird 7-8. Stunden vor demselben N. 8. oder N. 11. in den Nacken aufgelegt. Die nämliche Art zu verfahren ist nicht weniger nöthig, wenn Ausschläge sollten zurücke getreten seyn. Nachher behandelt man die Krankheit wie vorhin. Uibrigens will ich wohlmeinend rathen, die ganze Kur einem Arzt zu überlassen. Es wird dieses um so mehr nothwendig seyn, weil es solche Wechselfieber giebt die man gedoppelte nennt, und solche die bösartig und epidemisch sind, und der gute Arzt allein die Verwickelung einer Krankheit auseinander setzen kann. Diesem allem zu Folge will ich auch aller Hausmittel, deren Zahl Legion ist, nicht mit einem Worte gedenken, weil ich zugleich aufrichtig wünsche, daß sie meinen Lesern unbekannt bleiben mögen.

XXXV. Kapitel.

Der böse Hals. Die Bräune.

Bei kleinen Kindern giebt sich der böse Hals durch einen zähen Speichelfluß, und ein verhindertes

Schlin-

Schlingen, und dieses dadurch daß sie während dem Trinken zu husten anfangen und das Getränke zu Mund und Nase von sich stossen, zu erkennen. Grössere klagen über mehr oder weniger Schmerzen im Halse, beschwerliches Schlingen insbesondere des Getränks; sie haben Hitze, Durst, Kopfschmerzen ꝛc. siehet man ihnen in den Rachen so wird man eine mehr oder weniger starke Röthe und Entzündung der Mandel und des Zapfens, und der umliegenden Theile gewahr: manchmal läßt sich auch von aussen eine Geschwulst sehen, die wenn sie innerlich sehr stark ist, auch das Odemholen sehr erschwehret und in heftigen Fällen Erstickung drohet. Manchen macht der zähe sich im Schlund anhäufende Schleim ein Würgen oder Erbrechen. Manche sehen sehr aufgetrieben roth und blau im Gesichte aus. In leichten Fällen giebt sich der böse Hals bald; wenn aber die Entzündung wie es bei heftigern geschiehet, sich nicht zertheilet, so erscheinen weisse Pünktgen, oder eine mehr weiche Geschwulst in der Mitte der entzündeten Mandel ꝛc. welche zu erkennen geben, daß es zum Geschwüren komme, welches nach und nach reif wird, sich öfnet oder geöfnet wird, und eine Heilung annimmt. Ich übergehe andere Ausgänge der Krankheit, welche mehr bei Erwachsenen vorkommen, und wende mich sogleich zu der Heilart.

In dem Anfange der Krankheit, weil gewöhnlich eine Erkältung schuld ist, wird der Hals äuserlich warm gehalten; die Müttern legen gewöhnlich dem Kinde einen warmen wollenen Strumpf um, oder blossen

Fla-

Flanell, oder endlich auch Kräutersäckgen von Kamillen und Holunderblumen mit oder ohne Kampfer. Ich übergehe den Ueberschlag vom Schwalbennest. — Er taugt nichts. Ist die Entzündung stark und geht mit Heftigkeit fort, so werden sowol innerlich als äuserlich wichtigere Mittel erfordert. Kühlende Getränke z. B. Limonade Essig mit Honig oder Himbeerensaft und Wasser, N. 12. u. s. w. können die Kranke so viel möglich ist gebrauchen, um die Hitze und Fieberbewegungen zu mildern; die etwas ältere Kinder können sich auch damit gurgeln oder sie einsprizen lassen, kleinere kann man mit N. 12. pinseln. Ich hoffe bei der Bräune mehr von diesen Mitteln als von Kirschen brühen u. s. w. Da gewöhnlich das verhinderte Schlingen es unmöglich macht Laxiermittel zu geben und zu wiederholen, Ausführungen aber doch unumgänglich nöthig sind, so müssen Klistire mit Salz ihre Stelle vertreten.

Die äuserliche Mittel sind nach der Grösse des Uebels den Umständen und Verlauff desselben verschieden. Ist der Zapfen allein verlängert oder wie man sagt geschossen, welches bei einer leichten Bräune ohne starke Entzündung geschiehet, so thut man ein wenig klein gestossenen Alaun, oder auch in Wasser aufgelöset in einen Löffel, und drückt solchen einigemal an den Zapfen an, so wird es besser wenn das Gesichte sehr aufgetrieben wird, so setzt man mit vielem Nuzen einige Blutigel um den Hals herum. Muß der Kranke mit offenem Mund nach Luft schnappen, so giebt man warme Fußbäder,

der, läßt warme Dämpfe von Wasser und Milch in den Mund gehen, und welches auch in der äusersten Noth in wenig Stunden hilft, ein Blasenpflaster N. 11. um den Hals insbesondere auf den schmerzhaften Theil legen.

Wenn sich die Entzündung zertheilet, so nehmen die Hitzen, der Schmerzen ꝛc. am 3. 4. oder 5ten Tag ab: selten bleibt noch einige Tage ein leichter Schmerz auf einer Seite übrig. Geht sie aber in Vereiterung, so wird zuerst eine Mandel, nachher das Zäpfgen, und endlich auch die andere Mandel angegriffen öfter bleibt es bei einer. Nun werden das Geschwür zur Reifung zu bringen Einspritzung und Gurgelwasser aus erweichenden Dingen z. E. Gerstenwasser mit Honig, in Milch abgekochte Feigen, u. s. w. nöthig seyn. Die Einspritzungen sind um soviel vortheilhafter, je mehr sie den zähen Schleim auflösen und durch den Auswurf wegschaffen. Oft eröfnet sich darauf leicht das Geschwür, geht es aber nicht, so kann der Kranke es mit dem Finger zu reitzen und aufzustossen suchen, und wenn dieses nicht möglich so hilft der Wundarzt mit der Lanzette. Ist das Geschwür offen, und der Eiter heraus, so sucht man es durch Gurgeln oder Einspritzungen mit Salbeithee und Honig zur Heilung zu bringen.

Sehr uneigentlich nennt es der gemeine Mann Halsweh wann bei Kindern die Speicheldrüsen, sowol die Ohren als Kinnbackendrüsen aufschwellen, und nicht nur das Schlucken, sondern auch die

Oefnung des Mundes verhindern, in dem die Bewegung desselben sehr schmerzhaft wird. Alles was man dagegen anfängt beruhet darauf, daß man die Theile warm halte welche geschwollen sind, man kann allenfalls Säckgen von Hollunderblüthe auflegen, dem Kranken Hollunderthee zu trinken geben, ihn so wenig als möglich essen lassen und endlich um die Vereiterung der Ohrendrüse, welche manchmal erfolgt zu verhindern, eine wiederholte Gabe von N. 16. in dem Zwischenraum von 5. Tagen geben. Von dem bösen Hals bei dem Scharlachfieber den Blattern und Masern wird in dem nächsten Kapitel das Notwendige angegeben werden.

XXXVI. Kapitel.

Die Häutige. Die brandigte Bräune.

Die häutige Bräune, Croup, oder Bräune mit einer wiedernatürlichen Haut in der Luftröhre, ist eine noch nicht genug bestimmte, und erst von den neuern Aerzten beschriebene Kinderkrankheit. Da sie kein einziges wahres Unterscheidungszeichen hat, welches sie so gleich kenntbar machte, so muß man aus denen Zufällen die sie begleiten, ihre Gegenwart erkennen. Die vornehmste Zeichen sind folgende. Die Kinder werden verdrüßlich und schläfrig, klagen über einen stumpfen Schmerz in der Luftröhre innerlich, äuserlich ist der vordere Theil des Halses in der Gegend der Luftröhre geschwollen, und wenn man die Geschwulst drückt, so empfinden sie einen geringen Schmerz. Das Schlucken ist nicht beschwer-

beschwerlich, aber das Odemholen geschwinde und
so beklemmt, daß es Erstickung drohet: es ist auch
bei dem Einathmen oder wenn der Kranke hustet,
wie denn auch oft ein trockner Husten vorhanden,
ein besonderer Ton der Stimme zu bemerken, welcher die meiste Aehnlichkeit mit dem Pipen der jungen Hüner hat. Dieser Ton wird als ein Hauptmerkmal der Krankheit von den meisten Aerzten angegeben. Doch soll er auch manchmal fehlen. Obgleich keine Entzündung im Hals und Schlunde zu
sehen, so klagen doch die Kranken über Kopfschmerzen, sehr grossen Durst, und es ist ein Fieber mit
geschwindem und harten Puls vorhanden, welches
in der Nacht zunimmt. Manchmal sind die Kranken so glücklich, und Husten eine zähe käsartige
Materie, oder eine röhrichte häutige Masse auf,
und werfen sie unter dem Würgen oder mit Erbrechen aus. Dieses ist die wiedernatürliche Haut,
welche die Form der Luftröhre und ihrer Aeste vorstellet, die wenn sie nicht ausgeworffen wird, nach
dem Tode durch die Oefnung der Leichen in der innern Höhle der Luftröhre zu finden ist. Dieses
Zeichen entdeckt sich freilich meistens erst nach dem
Tode. Es ist noch zu merken, daß zu der Zeit
wenn sich die Haut loß schälet, der Urin ganz weiß
und mit schleimichten Stücken vermengt ist, und
alsdenn ein freiwilliges Erbrechen entstehet. Wenn
nicht die ganze Masse oder der größte Theil der Haut
weg gebrochen wird, so stirbt der Kranke doch, ob
er sich gleich wieder zu erholen scheint und leichter
Odem holet, früh oder später an einem neuen Anfall. Andere sterben in dem die Krankheit immer

zunimmt,

zunimmt, der Puls ehe man es vermuthet sehr geschwinde und weich wird, bei manchen auch zitternd und aussetzend zu fühlen ist, das Odemholen immer schwerer wird, der Schmerz und Husten aufhören, und die Kranken, welche immer ihren Verstand und Sinnen behalten, und am Ende ihres Lebens noch heiterer werden, endlich ersticken. Einige rafft der Tod schon den zweiten oder dritten Tag weg, andere sterben langsam oft erst nach 18. Tagen. Mit der Genesung verhält es sich ebenfalls so: einige genesen in den ersten drei oder vier Tagen, andere sehr langsam.

Die Heilungsart. Da die Krankheit im Anfang entzündungsartig ist, so öfnet man die gewöhnlich sehr aufgetriebene Drosselader, und läßt das Blut bis zur Ohnmacht fliessen; oder man setzt vorn am Hals wo die Gegend der Luftröhren ist, Blutigel an. Auf das Aderlassen soll gewöhnlich ein Erbrechen erfolgen, welches eine Menge zähen stinkenden enterähnlichen Kleister abführt, und durch aufgelöseten Brechweinstein zu befördern ist. Zugleich legt man ein Blasenpflaster oder einen Senfüberschlag der von einem Ohr zum andern geht, auf. Diese Methode ist sicher wenn die Krankheit noch nicht über 6. Stunden gedauert hat. Im Fortgang ist die Krankheit eyternd, und denn dürfte das Blutlassen schädlich, Brechmittel aber nur in dem Zeitpunct, wenn ein freiwilliges Erbrechen zu entstehen scheint, und der Urin so aussiehet, wie ich ihn kurz vorher beschrieben habe, nützlich seyn. Andere Aerzte sind mit grossen Gaben versüßten Quecksilbers,

bers; gleich von Anfang der Krankheit gegeben, sehr glücklich gewesen, sie haben aber zugleich Blasenpflaster gebraucht; das Blutlassen aber unterlassen. Da ich die Krankheit weder gesehen noch zu heilen Gelegenheit gehabt habe, so kann ich nichts entscheiden, ich glaube aber ich würde im vorkommenden Fall, doch die erstere Heilart vorziehen, und nach den Umständen mit antiseptischen Mitteln verbinden.

Die brandigte, faulichte, bösartige Bräune ist gewöhnlich mit einem ansteckenden, epidemischen, bösartigen Faulfieber verbunden, oder vielmehr ein Zufall desselben, und hat sich in neuern Zeiten in England, Frankreich, Schweden und Amerika, unter sehr verschiedenen Gestalten, als eine herrschende Krankheit, welche insbesondere den Kindern sehr gefährlich gezeiget. Sie unterscheidet sich von der katharralischen Entzündungsbräune u. s. w. durch folgende Merkmale. In dem geschwollenen und entzündeten Halse, auf den Mandeln ꝛc. läßt sich gleich von Anfang ein blaß weisser Fleck oder Fell sehen, welcher eine unregelmäßige Figur hat, sich immer weiter ausbreitet, und in eine aschgraue oder blauschwärzliche Borke oder Schorf übergehet; unter dieser sind Geschwüren: Wenn auch ein solches Fell oder Borke durch den Auswurf wegkomnt, so erscheinet sogleich an seiner Stelle ein anderes. Frißt das Geschwür in dem es bis in die Luftröhre gehet, die innwendige Haut derselben an, so wird sie stückweise mit den Husten ausgeworffen. Der Odem hat einen unerträglichen Gestank, und zu-

Maul und Nase auch zu den Ohren in schlimmen Fällen, fliesset eine faule stinkende Jauche. Gefährlich ist ein hiezukommendes Nasenbluten. Die beeden Ohrendrüsen oft auch die Speicheldrüsen pflegen zu schwellen und schmerzhaft zu werden; ist der Hals zugleich sehr geschwollen, so ist es desto schlimmer. Das bösartige faule Fieber ist mit seinen Zufällen gleich von Anfang zugegen, der Kranke ist äuserst schwach und entkräftet, er hat heftige Kopfschmerzen, redet irre, erbricht sich, und ein fauler Durchfall mit heftigstinkenden Stuhlgängen raubt ihm alle Kräfte, so daß sein Puls zwar geschwinde ist, aber dabei immer matter und kleiner wird. Diese traurige Vorboten werden bei den mehresten früher oder später, mit einem im Gesichte, am Halse, auf der Brust u. s. w. herfürkommenden rothlauf- oder scharlachfarbigen, manchmal auch Friesel und blatterartigen Ausschlag begleitet. Manchmal gehet auch der Ausschlag schon vor der Bräune her. Die Krankheit tödtet oft schon den ersten Tag, manchmal am dritten, vierten, siebenden, und wenn die Krankheit langwierig gegen den ein und zwanzigsten, auch wol noch später.

Die Heilart. Nach dem Zeugniß der Aerzte welche diese Krankheit gesehen und geheilet haben, hat man mehr auf das Faulfieber, als auf den örtlichen Fehler die Bräune zu sehen, ob man gleich dieselbe nicht aus den Augen lassen muß. Die besten Aerzte wiederrathen das Aderlassen und Laxiermittel, weil sie schädlich befunden worden. Hingegen geben sie gleich von Anfang ein Brechmittel, nicht

nicht allein deßwegen, weil es die schädliche Materie aus dem Magen und Gedärmen ausführet, sondern auch die Ausdünstung befördert. Der Eckel und das Erbrechen giebt die Anzeige dazu. Gleich nach dem Erbrechen wird als das Hauptmittel die Fieberrinde oder Kinkina gegeben, und wenn sie der Kranke auf keine Art, denn reichliche Gaben sind nothwendig, gebrauchen kann, in Klistieren beygebracht. Bei kleinen Kindern die noch allein von der Milch leben, werden die Mineralsäuren verworffen, Gröſsern aber kann man als das beste fäulnißwidrige Mittel den mit Wasser verdünnten Vitriolgeist geben. Die Weinmolken und selbst der Wein werden zur Erhaltung der Kräfte spursam zu gebrauchen empfohlen.

Das vorzüglichste äuserliche Mittel ist ein sehr schwaches Blasenpflaster mit Kampfer versetzt; vielleicht könnte es auch ein Senfüberschlag thun; man legt es auf den Hals selbst, hinter die Ohren, und in den Nacken. Wenn man sich von den innerlichen Mitteln nicht viel versprechen kann, weil sie nicht beizubringen sind, so sucht man durch äusserliche zu helfen. Ausser dem Blasenpflaster dessen eben Erwähnung geschehen, kann man um den Hals einen Flanell legen, der vorher in eine Mischung von gleichviel Essig und Kampfergeist getaucht worden. Ferner täglich 3. oder 4. mal ein Fußbad von Essig und Wasser, worinn Kamillen und Kinkina abgekocht worden, gebrauchen; oder wenn der Kranke zu schwach seyn sollte, ein Stück Flanell das in diesen Absud eingetaucht und etwas ausgerungen worden, um seine Füsse schlagen. Fleissig lasse man auch Essig mit Myrrhen über einem Kohlfeuer im Zimmer verdämpfen; man kann auch den Kranken den Dampf einziehen lassen. Kranken, welche sich belehren lassen, muß man sagen, daß sie nicht den Speichel hinterschlucken, sondern fleissig ausspucken. Gurgelwasser und Einspritzungen dörften bei Kindern mehr schädlich als nützlich seyn. Vielleicht geht noch eher das Pinseln mit einer Mischung aus Honig, Myrrhenessenz und versüßtem Salzgeist an. Die Borken müssen nicht mit Gewalt abgekratzt werden, sind sie aber abgefallen, so sind schleimigte Dinge nützlich.

So gut der Vorschlag die fixe Luft in dieser Krankheit zu gebrauchen ist, so kühn scheint die Anwendung des Kalomels bis zum Speichelfluß zu seyn; und doch spricht die Erfahrung ihr das Wort.

XXXVII. Kapitel.

Das Scharlachfieber.

Ich räume dieser ebenfalls epidemischen Kinderkrankheit mit Vorsatz diesen Platz ein, weil sie mit der bösartigen Bräune von welcher kurz vorher gehandelt worden, in Ansehung der Halsentzündung, des Ausschlags und anderer Zufällen, viele Aehnlichkeit hat; nach ihrer ganzen Natur und dem Verlauf aber, wie dieses die Beobachtung derselben zeiget, ganz verschieden ist, und auch auf eine andere Art behandelt werden muß.

Das

Das Scharlachfieber erscheinet meistens im Sommer und Herbst, es ist ansteckend, und herrscht unter den Kindern, wie wohl auch Erwachsene angesteckt werden. Es ist seltener als Blattern und Masern, und wenn es gutartig, meistens ohne Gefahr, wenn es aber auch bösartig ist, so richtet es doch weniger Schaden an als diese. Der Gang der Krankheit ist folgender.

Die Kranken sind anfänglich matt und niedergeschlagen, und klagen über einen leichten Schmerz und Steifigkeit im Halse; nach einigen Stunden kommt ein Schauer oder leichter Frost, und hierauf Hitze, Kopfschmerzen, Ueblichkeit und Erbrechen. Sehr wenige haben gleich von dem Anfange der Krankheit einen Durchfall; viele hingegen leiden Verstopfung, einige klagen über Bauchschmerzen. Bei manchen stellt sich ein Nasenbluten ein. Wenn einige das gewöhnlich alle Abende sich einfindende Fieber, welches zu Nacht verstärkt wird, unruhig und schlaflos macht, so werden andere hingegen schläfrig und gleichsam betäubt.

Ich glaube bemerkt zu haben, daß vor dem Ausbruch des Ausschlags, insbesondere bei denen welche Würmer haben, Zuckungen oder Gichter sich einstellen, und oft so lange anhalten, bis die Würmer mit Erbrechen, oder von selbst unten abgehen: und der Ausschlag ist alsdenn gewöhnlich sehr stark. Der böse Hals nimmt indessen zu, die Kranken können weniger schlingen, das Odemholen ist kurz, und Hitze, Durst und Unruhe werden stär-

stärker. Die Haut ist warm, trocken und erhitzt anzufühlen, und die Kranken spüren in derselben eine kriechende oder stechende Empfindung.

Unter diesen Umständen erscheinen oft schon am ersten Tage, welches aber gefährlich ist, oder am zweiten, oder am dritten früh, im Gesichte, am Hals, auf der Brust, und an Händen und Füssen, breite, rothe, scharlachfarbige Flecken, welche in wenig Stunden bei manchen fast den ganzen Körper bedecken, daß die Haut bei einigen wie ein gesottener Krebs, bei andern so roth wie Scharlach oder gar Zinnober aussiehet. Die Haut selbst schwillt in etwas auf, daher die Kranken alsdenn die Finger nicht leicht bewegen können, doch bleibt sie glatt, und ist nicht rauch anzufühlen, wie dieses bei den Blattern und Masern zu geschehen pflegt. Die Röthe verschwindet auf den Druck des Fingers, sie kommt aber bald wieder zum Vorschein. Wenn sie auf der Haut nur Fleckweise vorhanden, und ein gelinder Durchfall hinzukommt, so ist weniger Gefahr zu besorgen: hingegen desto mehr je näher die Flecken der Purperfarbe kommen oder gar schwärzlich blaue Streifen mit unter haben. Je stärker auch die Röthe an den Augen ist, desto gewisser hat man zu befürchten, daß der Kranke irre rede. Je schwächer der Ausschlag insbesondere bei ältern Kindern, desto mehr leidet der Hals. Die Mandeln, das Zäpflein und der Gaumen sehen roth, geschwollen und entzündet aus, und in seltenen Fällen findet man auch Felle oder Borken auf denselben, die aber nie brandig werden, sondern

von

von selbst mit dem Auswurf abgehen oder auf Einspritzungen weichen. Ich übergehe die schlimme Folgen, welche erscheinen, wenn die Entzündung sich weiter erstreckt. Die Nasenlöcher sind gewöhnlich sehr trocken. Die Zunge wird bei den meisten mit einem zähen gelbbraunen Schleime bedeckt, an den Rändern aber und der Wurzel siehet sie sehr roth aus. Bei wenigen findet man einige kleine Blättergen auf der Zunge. Der Odem des Kranken riechet sehr fäulig, wenn die Krankheit bösartig ist, und ist zuverlässig ansteckend.

Nach dem 4ten Tage, in gewöhnlichen gutartigen Fällen legt sich das Halsweh, und die Kranken werden durch den Auswurf einer Menge zähen Schleims den sie durch den Husten los werden, sehr erleichtert. Bei einigen bricht ein reichlicher Schweiß aus, andere bekommen einen gelinden aber heilsamen Durchfall. Nun fängt auch die bis hieher angehaltene heftige Röthe, die in schlimmen Fällen bis zum siebenden Tag stehen bleibt, an sich zu vermindern, die Geschwulst setzt sich, die Hitze und Durst nehmen ab, die Kranken bekommen wieder ruhigen Schlaf, Eßlust, und der bisher sparsam abgegangene Urin, gehet bei den meisten nun frei und in grösserer Menge. Die Haut wird nunmehro trocken und rauh, und bekommt eine etwas blasse und braunere Farbe; das Oberhäutgen trennt sich los, und stellt sich insbesondere an Händen und Füssen in weissen leeren Blättergen, welche nichts als Luft enthalten, dar, springt auf, und scheelet sich in kleienartigen Schuppen ab, die bald grössere

sere bald kleinere Stücken, und an den Händen und Füssen ganze Lappen von einigen Zollen ausmachen. In seltenen Fällen soll sich auch die Zunge und der Gaumen abscheelen. Ich habe bei einem 2. jährigen Kinde und einer alten Frau das Abschuppen wahrgenommen, ohne vorhergegangene Röthe oder Halsentzündung, oder ein merkliches Fieber bemerkt zu haben. Bei dem Abschuppen empfinden die Kranken ein fast unerträgliches Jucken, insbesondere in der Fläche der Hände und an den Fußsolen. Es ist ein Glück wenn das Abschuppen nicht heftig ist, langsam vor sich gehet, und die Krankheit ohne schlimme Folgen sich endiget. Dieses geschiehet aber nur bei dem gutartigen Scharlachfieber, und wenn der Kranke sonst gesund ist, und nach geendigter Krankheit nicht zu frühe der Luft sich aussetzet. Sonst entstehen bei einigen leicht Rückfälle der Krankheit, bei andern werden durch eine Versetzung der Krankheitsmaterie die Ohrendrüsen geschwollen, schmerzhaft, und gehen manchmal gar in Vereiterung über: bei noch andern erfolgt auch eine wässerichte Geschwulst über den ganzen Körper, welche oft gefährlich wird, und mehrern das Leben raubet als das Scharlachfieber selbst.

Diese Geschwulst, welche eine Hautwassersucht ist, machet eigentlich die zwote Periode der Krankheit aus, und verdienet daher eine genauere Betrachtung. Wenn der Kranke am neunten, zehenten, oder eilften Tage sich wohl befindet, und alle Gefahr überstanden zu seyn scheint, so dauret
doch

doch oft die Freude nicht lange, und er wird 14. Tage ohngefehr darauf wieder unpäßlich, verlieret die Eßlust, schläft unruhig, siehet blaß aus, und läßt sehr wenig Urin. Diese Zufälle kündigen die Geschwulst an; und nun wird zuerst das Gesichte aufgedunsen, hierauf in wenig Tagen der ganze Körper geschwollen; der Kranke hat dabei kurzen Odem, Engbrüstigkeit und Röcheln auf der Brust, häufiges Erbrechen u. s. w. Hitze und Durst sind bei einigen stärker bei andern schwächer. Manche bluten aus der Nase. Der Urin siehet schwarzbraun aus; manchmal gehet er einige Tage mit Erleichterung blutig ab; und wenn es sich mit dem Kranken bessert so fließt er in grösserer Menge als vorhin. Schlafsüchtige Zufälle sind gefährlich.

Es ist zwar nicht zu leugnen daß die Geschwulst gewöhnlich bei solchen Kranken vorkomme, welche sich zu früh der Luft ausgesetzt, oder die Geschwulst durch Erkältung sich zugezogen haben; nichts desto weniger weiß man doch auch aus der Erfahrung, daß nach häufigem Abschuppen doch eine Geschwulst entstehet, man mag auch noch so viele Vorsichtigkeit anwenden sie abzuhalten.

Die Behandlung des Scharlachfiebers muß der Gut- oder Bösartigkeit desselben, und den zween verschiedenen Zeiträumen angemessen seyn. Ist die Krankheit gelinde und gutartig, so werden, wenn ich N. 1. zum gewöhnlichen Getränke ausnehme, gar keine Arzneimittel erfordert, aber eine gute Lebensordnung. Diese wird darauf beruhen, daß man

man in dem Anfange der Krankheit den Kranken, weder zu warm halte noch ihn in Bette stecke; aber auch weder Bier noch Wein erlaube. Er kann N. 1. oder einen Theil Milch und 3. Theile Wasser zum gewöhnlichen Getränke früh lau warm und Abends kalt trinken; es können auch Hafergrütze, Gerstenwasser u. s. w. erlaubt werden. Leichte Speisen, Schleime von Gersten, Reiß, Sago ꝛc. desgleichen frisches und gekochtes Obst mögen zur Nahrung dienen: Fleisch aber darf nicht gestattet werden. Ist das Fieber vorüber und die Haut scheelet sich ab, so giebt man ein dem Alter angemessenes Laxiermittel N. 6. und hält den Kranken noch 2. bis 3. Wochen in einer gemäßigten Wärme, um ihn für der wässerichten Geschwulst zu sichern, wärend welcher Zeit das Laxiermittel noch ein oder 2 mal wiederholet werden kann.

Diese Kur kann allenfalls jede Mutter selbst unternehmen. Wenn aber die Zufälle heftig sind, und die Krankheit bösartig ist; das heißt wenn der Ausschlag mit Macht und geschwinde ausbricht, wenn das Fieber stark und die Kräfte des Kranken schwach sind, wenn der Hals viel leidet, das Odemholen beklemmt ist u. s. w. und es also mit dem Kranken gefährlich aussiehet, so ist es Pflicht sich an einen rechtschaffenen Arzt zu halten.

In Ansehung der Diät, die Milch ausgenommen, bleibt es auch bei einem bösartigen Scharlachfieber, bei den oben vorgeschlagenen Maaßregeln. Die Kur selbst ist nach den Umständen ver-
schie-

schieden. So selten es nöthig ist, das Erbrechen mit einem Brechmittel zu befördern; wenn es aber dienlich so kann N. 3. den Zweck erfüllen; so wenig erfordert es anhaltende Mittel, weil es sich bald von selbst legt. Hingegen sind Klistiere vom Anfang der Krankheit, weil gewöhnlich Verstopfung vorhanden von grossem Werthe, und falls sie nöthig täglich zu wiederholen.

Ich kann zwar nicht sagen daß diejenigen Kranken, welche gleich am ersten Tag einen Durchfall bekommen haben, sich schlimmer als andere befunden hätten, denn es war auch das Halswehe sehr gelinde bei solchen, doch habe ich auch nicht nöthig gehabt Abführungen von Tamarinden und dergleichen zu geben. Die heftige Hitze des Fiebers zu dämpfen, waren N. 1. kalt, desgleichen Wasser mit Zitronensaft und Zucker, und blos kaltes Wasser allein, die angenehmste Getränke; unter diesen gab ich auch N. 12. fleissig Löffelweise.

Um den Hals wird ein in warme Milch getauchter und ausgerungener Flanell, fleissig abgewechselt übergeschlagen; und wenn er sehr schlimm ist, so setzt man einige Blutigel unter die Ohren. Mit Gurgeln können nur grössere sich helfen, und denn macht eine Mischung von Wasser, Weinessig und und Honig das Gurgelwasser aus. Einspritzungen sind nur alsdenn dienlich wenn man dem zähen Schleim forthelfen muß, und jeder Thee ist dazu hinlänglich: giebt man zugleich den Meerzwiebelsaft

in

in Wasser Löffelweise, so erreichet man desto besser den Zweck.

Wenn nach dem vierten Tag ein reichlicher Schweiß sich einstellt, so muß man ihn gut abwarten und mit N. 1. oder auch Holunder oder Fliederthee warm getrunken, befördern.

Wider die Gichter und das Irreden im Anfang der Krankheit hat man keine eigene Mittel nöthig, sind sie aber eine Folge des zurückgegangenen Ausschlags, so nimmt man zu N. 15. alle Stunden eine Gabe in Honig, seine Zuflucht; desgleichen zu N. 8. und 11. und wenn das Fieber stark, zu den Blutigeln und Klistieren. Es werden bei Gichtern und schlafsüchtigen Zufällen auch die Mohnmittel empfohlen, ich gestehe aber daß ich nie gewagt habe bei meinen Kranken sie anzuwenden, so wenig ich mich sonst für ihrem Gebrauch fürchte.

In der zweiten Periode bei einem schlimmen Scharlachfieber, ist ausser der bereits oben angegebenen Lebensordnung, und den wiederholten Laxiermitteln, in der Zwischenzeit der reichliche Gebrauch des N. 7. angegebenen Mittels, sowol die Kräfte des Körpers zu erhalten und zu stärken, als auch die Ueberbleibsel der Krankheitsmaterie, und die bei manchen vorhandenen Würmer wegzuschaffen, von vortreflichem Nutzen.

Wenn aber dem ungeachtet, oder weil der Kranke sich weder der Lebensordnung noch Heilart un-

unterworffen, die Geschwulst anrückt, so giebt man so bald die Verminderung der Eßlust, des Abgangs des Urins und ein aufgedunsenes Gesicht bemerkt wird, von N. 3. Löffelweise bis Erbrechen und Stulgang erfolgt; den Tag darauf fängt man mit N. 5. Kaffeelöffelgenweise an, und giebt alle 2. Stunden 2 - 3. so lange fort bis der Urin stärker fliesset, und die Stuhlgänge häufiger werden: hat man etliche Tage so angehalten, so giebt man noch von N. 6. eine etwas starke Gabe. Es erfolgt nicht eher eine Besserung bis recht schwarzes verlegenes Zeug mit dem Stuhlgang abgehet. Ist die Geschwulst weg so kann man zu N. 7. schreiten.

Ich habe so wol den auflösbaren Weinstein, als auch die Schwefelmilch versucht, immer aber die eben angezeigten Mittel würksamer und leichter beizubringen gefunden.

Bei einer sehr heftigen Geschwulst sahe ich mich auch genöthiget Ueberschläge aus N. 9. auf die Schaam zu legen, und einen mit Holderblüte und Kampfer vollen Tragebeutel über den Hodensack zu hängen.

Sollte ein heftiges Erbrechen den Gebrauch aller innerlichen Mittel unnütze machen, so kann man zu Klistieren aus Sennesblättern in Wasser abgekocht schreiten. Die Behandlung der geschwollenen Drüsen wird nach Anleitung des XXIX. Kapitels unternommen.

28. Kapi-

XXXVIII. Kapitel.

Die Blattern. Inoculation derselben.

Die Blattern, Pocken, (Urschlechten) sind ein dem Menschengeschlechte so gefährlicher Feind, daß unter 100. kaum einer ist, der von dieser gewöhnlich epidemischen und ansteckenden Krankheit befreiet bleibt; die meisten aber in ihrer Kindheit von ihr angegriffen werden. Sie sind entweder gut oder bösartig, und ihre Beschaffenheit hängt nicht von der Krankheitsmaterie, sondern von dem Zustand des Körpers des Angesteckten, sehr oft auch von der Behandlungsart des Kranken ab, welche wenn sie fehlerhaft ist, selbst die gutartigsten Blattern in die schlimmsten verwandeln kann; und endlich trägt auch die Jahrszeit und Witterung das ihrige bei, und gewisse Erfahrungen beweisen daß die Blattern im Frühling und Herbst weit gelinder als im Winter und Sommer ablaufen.

Die gutartigen Blattern haben folgenden Verlauf. Die Kinder sind ungewöhnlich matt, verlieren die Eßlust, erbrechen sich, klagen über Kopfweh, Schauer, haben Hitze und Durst, unruhigen Schlaf; Kleinere die unter 7. Jahren alt sind, bekommen schlafsüchtige Zufälle; manche bluten aus der Nase; bei einigen giebt es Beklemmung auf der Brust, trocknen Husten, Seufzen u. s. w. Der Stulgang ist bei einigen zu flüssig, bei andern verstopft. Viele werden von Gichtern oder Zuckungen überfallen. Diese Zufälle, zu welchen man noch die Rücken und Lendenschmerzen, und die Empfindpfindlichkeit in der Herzgrube, wenn man mit der Hand gelinde an dieselbe drückt, zählen kann, dauren gewöhnlich bis zum 4. Tag, und machen den ersten Zeitraum der Blatterkrankheit aus.

Man kann zwar aus eben gedachten Zeichen nicht mit Gewißheit auf eine zu besorgende Blatterkrankheit schliessen; wenn sie aber wirklich an dem Orte herrschet, wenn der Kranke sie noch nicht gehabt, und er kurz vorher bei einem Blatterkranken gewesen u. s. w. so hat allerdings der Verdacht einer Ansteckung statt, und der zweite Zeitraum bringt die grosse Wahrscheinlichkeit zu einer vollkommenen Gewißheit.

Nach 72. Stunden, oder mit dem vierten Tage von dem Anfang gerechnet, fangen die Blattern an auszubrechen. Nun kommen zuerst im Gesichte, insbesondere zuförderst an der obern Lippe, hernach an den übrigen Theilen des Gesichtes, alsdenn an den Händen, hierauf an den übrigen Theilen des Körpers, ja selbst auf dem behaarten Kopfe, seltener auch an den Fußsohlen, rothe Punkten, einzeln oder mehrere beisammen zum Vorschein, und vermehren sich nach und nach bis zum 6ten Tag. Diese rothe Punkten oder Flecken erheben sich nach und nach, werden breiter, in der Spitze weiß, und bekommen einen rothen Hof oder Ring. Aus dem Munde des Kranken gehet ein besonderer saulichter Gestank der das ganze Zimmer erfüllt. Indessen werden die Zufälle welche den ersten Zeitraum ausmachten gelinder, das Erbrechen und die Fieberhitze hitzen lassen nach je mehr sich die Blattern erheben, und verschwinden endlich ganz, wenn der Ausbruch geendiget ist. Dieses ist der zweite Zeitraum oder die Zeit des Ausbruchs.

Der drikte Zeitraum oder die Vereiterung (das Schwären) der Blattern, fängt gewöhnlich mit dem siebenden oder achten Tage an und dauert bis zum eilften. In diesen Tagen füllen sich die Blattern nach und nach mit einem gelblichen Eiter, werden immer mehr und mehr reif, und nehmen an Grösse so zu, daß einige so groß und rund werden wie Erbsen, wobei sie ihren Hof verlieren. Die Zwischenräume der Blattern auf der Haut werden rosenroth. Die Augenlieder und das Gesichte welche schon in dem vorigen Zeitraum aufgedunsen waren, werden bei einigen mehr, bei andern weniger geschwollen; oft nimmt die Geschwulst so stark zu, daß die Kranken die Augenlieder nicht öfnen können, und man daher sagt sie wären blind; nachher werden auch die Hände, und endlich auch die Füsse geschwollen. Die Kranken sind wegen den durch die Vereiterung verursachten spannenden und brennenden Schmerzen in der Haut sehr unruhig. Wenn die Blattern nicht sehr gutartig sind, so nimmt die Fieberhitze wieder in etwas zu. Und die Aerzte nennen dieses Fieber das Eiterungsfieber.

Mit dem eilften Tage, an welchem sich der vierte Zeitraum, oder das Abtrocknen (Dorren) der Blattern einstellt, fällt die Geschwulst, und die Kranken erlangen wieder das Vergnügen und

Ver-

Vermögen die Gegenstände zu erblicken. Die Blattern selbst fangen an in derjenigen Ordnung in welcher sie herausgekommen, zu trocknen und abzufallen: einige gehen auf, andere bekommen ohne einen Eiter von sich zu lassen einen Schorf (Ruse), der von den Kranken abgekrazet wird, oder von selbst abfällt; und ein rothes erhabenes Hügelgen, oder, welches insbesondere im Gesichte geschiehet eine Grube oder Narbe nach zulassen. Am 14 oder 15den Tag sind alle Blattern weg, einige an den Händen ausgenommen, die noch ein paar Tage länger sich verweilen. Durch diesen leztern Umstand unterscheiden sich die wahren Kindsblattern von den falschen, als Stein-Wasser- und Windpocken, welche oft vor den wahren vorher gehen, oder auf sie folgen, gewöhnlich leicht und ohne Gefahr sind, und in fünf, sechs bis sieben Tagen ihren Lauf vollenden. Im Vorbeigehen will ich nur erinnern daß sehr selten einige wenige Blattern Vorläuffer der Blatterkrankheit abgeben, und allezeit sehr gutartige Blattern anzeigen.

Was die bösartigen Blattern betrifft, so geben sie sich sowohl durch die Heftigkeit der Zufälle als auch durch ihren Ausbruch zu erkennen. Dieser erfolgt nicht nach und nach sondern plözlich. Oft sind schon an dem ersten oder zweiten Tage einige vorhanden, und die Folgenden kommen bald da bald dort bis zum 6. oder 7. zum Vorschein. Auch die Nase die innere Höle des Mundes und der Hals sind nicht von ihnen frey. Je früher und in je grösserer Menge sie ausbrechen, desto gefährlicher sind sie. Ob sie gleich klein sind, so fliessen sie doch, weil sie sich so sehr anhäuffen, insbesondere im Gesichte zusammen, und erhalten daher auch den Nahmen der zusammenfliessenden Blattern. Zu den Zufällen sind insbesondere die heftigen Kopf und Lendenschmerzen, das hartnäckig anhaltende Erbrechen und das starke Fieber welches mit Rasen Zuckungen, Unruhe oder einer Schlafsucht verbunden ist, zu zählen. Manchmal gesellet sich auch ein Durchfall hinzu der einige Tage anhält. Diese Zufälle, welche bei gutartigen Blattern nach dem Ausbruch nachlassen, dauern bei den bösartigen fort.

Von einer guten Vereiterung der Blattern, als dem besten Ausgang der Entzündung, hängt das Glück des Kranken ab. Aber auch diese fehlet bei den bösartigen Blattern, weil sie keinen guten Eiter enthalten. Einige haben gar keine Feuchtigkeit, sondern werden hart und erhaben wie Warzen, daher man sie auch warzenähnliche Blattern nennt. Sie sind sehr selten, gehören zu den einzeln stehenden, kommen gewöhnlich sehr spät heraus, und die Gefahr ist allemal groß.

Andere sind etwas helle und durchsichtig und enthalten eine wässerige Feuchtigkeit; diese werden die Kristallinischen genennet. Sie sind sowol einzeln als zusammenlauffend, und in letzterem Fall wenn ihrer viele zusammenfliessen, nehmen sie eine den Schotten ähnliche Gestalt an. Noch andere, die so genannten blutigen Blattern enthalten eine wäßrige blutige Jauche, sehen schwarzblau und blutig

tig aus, und über den ganzen Körper verbreiten sich schwarze Flecken, welche manchmal mit violetten Blasen besetzt werden. Diese Blattern sind allemal geschwinde tödlich insbesondere wenn zugleich, ein Blutharnen oder andere Blutflüsse erfolgen. Alle diese Blattern sind mit einem bösartigen Fieber verbunden, welches wegen seiner Fortdauer ihre gehörige Eiterung verhindert. Daher können sie sich nicht gehörig erheben, bleiben niedergedrückt, bekommen Gruben oder wohl gar schwarze Punkten in der Mitte, sinken ein oder treten wie man sagt zurücke, u. s. w.

Die Geschwulst im Gesichte ist desto vortheilhafter je stärker sie ist, und je länger sie anhält, fällt sie aber plötzlich ohne daß die Hände darauf schwellen, so ist es schlimm.

In diesem Zeitpunkte stellt sich das Eiterungsfieber ein; die Kranken werden unruhig haben Hitze und Durst, und die Pulsadern am Halse schlagen stark. Manchmal tritt es mit heftigen Zufällen plötzlich ein und der Kranke ist in Gefahr an innerlichen Entzündungen, Zuckungen, Schlafsucht ꝛc. sein Leben zu verlieren. Heilsam bauet diesen schlimmen Folgen der Speichelfluß vor, wenn er hinlänglich fliesset und sich nicht zu früh verlieret. Er erscheinet nur bei etwas grösseren Kindern, und sehr selten bei gutartigen Blattern: Bei Kleinen vertritt ein heilsamer Durchfall seine Stelle; welcher aber nicht zu heftig seyn darf. Seltener wählet die Natur die Urinwege zur Ausführung der Krankheitsmaterie.

Da die Vereiterung nicht gehörig geschiehet, so können auch die Blattern nicht gut abtrocknen. Sie bilden einen Schurf oder Grind der nach dem die Krankheit bösartig ist, mehr oder weniger braunroth oder schwarz aussiehet, oft das ganze Gesichte wie eine Larve bedeckt, und wenn er auch Stückweise abgefallen, zum zweiten auch wol zum dritten mal aufs neue erfolgt, und oft so dick und hart wird und so fest auf die Haut sich ansetzt, daß man ihn erweichen muß. Indessen frißt der scharfe Eiter die Haut an, und hinterläßt die oft so sehr verunstaltenden Narben.

Es wäre zu wünschen daß sie die einzige schlimme Folge der Blattern wären. Allein sie sind es leider nicht: das Blatterngift stiftet oft noch weit grössern Schaden. Der in die Blutmasse zurückgeführte Eiter bringt das sogenannte zweite, eigentlich aber dritte Fieber, welches ein wahres Faulfieber ist herfür. Es erscheinet gewöhnlich am 11ten Tag oder später und ist allemal gefährlich, wenn der Eiter nicht selbst einen Ausgang findet oder durch die Kunst ausgeleeret wird. Es entstehen Versetzungen, und die Folgen derselben sind nach dem Ort wohin sich der Eiter wirfft verschieden. Geht er nach dem Gehirn, so erfolgt ein Rasen oder eine Schlafsucht, oder wenn der Kranke nicht unter Zuckungen stirbt, so lebt er so lang in einem albernen Zustand bis das Geschwür welches sich entspunnen bricht, und durch die Nase und Ohren Ausgang findet. Begiebt er sich nach den Augen so entstehen Entzündung, das Eiteraug, Blindheit u. s. w.

Nach

Nach den Ohren, so giebt es Geschwüre und Verlust des Gehör's. Fällt er auf die Brust, so erfolgt ein heftiger Husten, Lungenentzündung ꝛc. oft tödtet den Kranken eine langsam folgende Lungenschwindsucht. In dem Magen und den Gedärmen erweckt er oft ein Erbrechen und Durchfall; und in den Urinwegen eine Verhaltung des Urins, oder wenn es gut geht einen eiterichten Urin, welcher selten, aber eine Scheidung der Krankheit zu seyn scheint. Leichter scheinen die Versetzungen nach den äuserlichen Theilen zu seyn, welche Eiterbeulen, vereiternde Ohrendrüsen, Blutschwären u. s. w. erzeugen. Schlimm sind sie aber wenn sie auf den Gelenken insbesondere dem Huftgelenke erfolgen. — Noch grössere Verheerungen richtet das Blatterngift an, wenn es durch um sich fressende Geschwüre die weichen Theile brandig zerstöret, und die Knochen durch den Beinfraß zernaget.

Nun komme ich auf die Heilart der Blattern. Die gutartigen sind bei manchen Kindern in sehr geringer Zahl vorhanden, und die Zufälle der ganzen Krankheit so leichte, daß man sie gar nicht für krank hält, in dem sie dabei essen, trinken, schlafen, und wie wir es oft bei den Bauren sehen: damit auf der Straße herumlauffen können. Diese bedürfen auch des Arztes nicht. Nur die gütige Natur in ihren heilsamen Bemühungen nicht durch hitzige treibende Mittel gestöret, Maaß im Essen gehalten, und nach geendigter Krankheit einigemal laxiert. Dieses ist alles was man in einem leichten Fall zu thun hat. Die Abführungen sind nothwendig, weil

weil sonst auch nach den leichtesten Blattern, Augenkrankheiten, Husten u. s. w. erfolgen, und nachher sich schwehr oder gar nicht heben lasset.

Wenn aber die Blatterkrankheit nicht gelinde ist so hat sie die Leitung eines Arztes nöthig. In dem ersten Zeitraum werden die Blattern zum Ausbruch durch die Fieberbewegungen geschickt gemacht. Diese dörfen also weder zu stark noch zu schwach seyn. Da sie aber gewöhnlich zu stark sind so muß man sie zu mässigen suchen. Dieses kann sowohl durch eine gehörige Lebensordnung als Arztneimittel geschehen.

Die Lebensordnung erstreckt sich auf Speise, Trank und Wartung. So fehlerhaft es ist einem Kranken der noch Eßlust hat, alles was und so viel er will zu essen zu geben, so schädlich ist es wenn man ihm die Nahrung ganz entziehet. Der Kranke darf nicht mehr essen als er nöthig hat, und hat er keine Eßlust so muß man ihn auch nicht zwingen zu essen. Gerste, Reiß, Hafergrütze, Sago, rohes und gekochtes frisches Obst, Kirschen, Pflaumen u. s. w. können seine Speisen seyn. Milchspeisen dörfen nur denn erlaubt werden, wenn nichts saueres genossen wird, Fleischspeisen, Eier, Gebackenes, Kuchenwerk, Konfeckt, Käse und dergleichen sind verwerflich. Das Getränke ist Wasser mit Honig und Essig oder mit Zitronensaft und Zucker angenehm säuerlich gemacht, oder blosser Schotten, welche man bei vermehrter Hitze kalt zu trinken hat, oder endlich bei kleinen die noch Milch gewohnt sind

Milch mit 3 - 4 mal so viel Wasser vermischt. Wein und Bier dörfen nicht gegeben werden; und Thee und Kaffee, insbesondere warm und in Menge getrunken sind schädlich. Je mehr der Kranke trinkt desto besser ist es. Was die Wartung betrifft so muß man den Kranken so lange als es möglich ausser dem Bette lassen. Das Zimmer worinn er sich befindet muß wenn es möglich geräumig, kühl, frey von allem Dunst und Gestank seyn, auch täglich einigemal frische Luft kann zugelassen, der Kranke selbst aber vor Erkältung, Zugluft und grossem Geräusche verhütet werden. Hat man Plaz genug so legt man nur 1. höchstens 2. Kranke in ein Zimmer weil in der Folge der Krankheit die Ausdünstungen gefährlich seyn können. Auch ist es dienlich fleissig Essig in dem Zimmer verdämpfen zu lassen.

Die Arztneimittel. Ist die Hitze sehr stark und der Kranke wird durch die äuserlich und kühlende Getränke nicht hinlänglich genug gelabet, so muß er auch von N. 12. nach Maaßgabe des Alters löffelweise bekommen. Dieses Mittel wird so lange fortgesetzt als es die Hitze erfordert. Es ist selten nötig Blut zulassen, und auch bei ältern Kindern wählet man lieber Blutigel hinter die Ohren, oder Schröpfköpfe an die Waden zu setzen. Hingegen sind Klistiere N. 2., insbesondere bei vorhandener Verstopfung, welche schädlich ist, täglich 1. oder 2. mal zu wiederholen. Diese machen die Laxiermittel sehr oft entbehrlich. Sollten aber die anhaltende Lendenschmerzen ɛc. welche die Unreinig-

kelten in dem Magen und Gedärmen verrathen sie
anzeigen, so wird man am besten N. 3. oder N. 4.
wählen, und sie in so kleinen Gaben geben, daß
sie Stuhlgänge machen. Selten wird ein Brech=
mittel nötig seyn: das anhaltende Erbrechen beför=
dert lauwarmer Schotten; und die Klistieren kön=
nen es heben. Die Zuckungen weichen ebenfalls
auf wiederholte Klistiere; deßgleichen auf N. 8. wel=
ches man auf beede Waden oder Fußsolen, um ei=
ne Ableitung zu erhalten, gleich von dem ersten An=
fang auflegen muß: endlich wird auch ein lauwar=
mes Bad sie endigen, und den Ausbruch der Blat=
tern bestens befördern. Ueberhaupt sind auch war=
me Fußbäder und Bähungen der Aerme, Füsse
und Schenkel mit warmer Milch, vorzügliche Ab=
leitungsmittel. Vielleicht könnte der Versuch fri=
sches Wasser an die äusern Gliedern zubringen und
daselbst dadurch grössere Blattern entstehen zu ma=
chen, durch weitere Versuche bestätiget und in der
Folge nützlich werden.

So verfährt man bei einem zu heftigen Fieber.
Wenn aber das Fieber, wie wohl es selten ausser
bei sehr schwächlich kränklichen Kindern geschiehet zu
schwach ist, die Hitze zwar brennend der Puls aber
klein ist, und die Blattern wegen Mangel der Kräf=
te nicht ausbrechen können, so muß man es verstär=
ken. Zu dem Ende kann man unter den Speisen
und Getränken etwas Wein erlauben, statt des
Schotten einen aus Wein und Milch bereiteten trin=
ken lassen, oder Mandelmilch mit ein wenig Zim=
metwasser geben u. s. w. Der Kranke kann in ei=

nem

nem warmen Zimmer und im Bette bleiben, und so ruhig als möglich gehalten werden. Blutausleerungen und Ausführungsmittel sind hier schädlich, wenn nicht besondere Umstände sie erfordern, welches der Arzt im einzelnen Falle bestimmen muß. Auch N. 12. hat hier nicht statt. Hingegen müssen die Kranken bei einer Verstopfung N. 2. bekommen, und ausser diesem Falle täglich 1. oder 2. mal solche Klistiere mit der Fieberrinde, wie sie im XXXIV. Kapitel beschrieben worden: zugleich aber auch die N. 7. angezeigte Mixtur fleissig gegeben werden. N. 8. sind auch hier unentbehrlich.

In einem solchen Fall kann die ehmals so sehr übliche austreibende Methode, zufälliger weise geholfen haben. Aber die Seltenheit derselben, zeiget nur allzu deutlich wie nachtheilig es gewesen, wenn man alle auf diese Art behandelt, wenn man die Stuben so stark geheitzet, die Kranken in den Betten fast erstickt, ihnen noch Schaafkot, Lorbeere, Wein und andere hitzige treibende Mittel eingegeben, und sich herzlich gefreuet, wenn recht viele Blattern herausgekommen, ob gleich nachmal die Kranken das Leben einbüßten, wie es leider die Todtenlisten der vorigen Zeiten klärlich darthun. Doch muß man auch zum Lob unserer Zeiten rühmen, daß wenige noch aus Unwissenheit in diesem Fall sündigen, und auch von diesen läßt sich hoffen, daß sie das Beispiel der Vernünftigern eines Bessern belehren werde.

Einige Nebenumstände sind zugleich in beeden Fällen nicht aus der Acht zu lassen. Die Augen werden

den gleich von Anfang sehr empfindlich und manchmal entzündet; man suche also das Zimmer so dunkel als möglich zu machen, das Weinen zu verhüten, die Kinder die Augen nicht reiben zu lassen, und hingegen durch fleissiges Befeuchten derselben mit sehr dünnen Bleiwasser, sie zu kühlen. Ich habe noch nicht versucht wie viel ein mit Kampfer beriebener und vor die Augen hängender Lappen zur Verwahrung derselben vermöge. Kindisch ist das Reiben mit einem Dukaten.

Die Nase für vielen Blattern und Narben zu sichern empfiehlet man mit einem Froschpflaster mit Quecksilber zu bedecken; und ein glücklicher Versuch hat dargethan, daß auf diese Art gar keine Blattern an der Nase hervorgekommen. Könnte es ohne Gefahr geschehen, so wäre die Anwendung dieses Mittels auf das ganze Gesichte von noch weit erwünschtern Folgen. Dem Halsweh zu begegnen schlägt man einen in warme Milch getauchten und ausgerungenen Flanell um, und bedient sich der übrigen bereits angezeigten Hilfsmittel.

Wenn in dem zweiten Zeitraum die Blattern gehörig ausbrechen, sich erheben ꝛc. und das Fieber weder zu stark noch zu schwach ist, so hat der Kranke nichts als fleissiges Trinken insbesondere N. 1. nötig; und die bereits angegebene kühlende Lebensordnung zu beobachten. Hält aber das Fieber noch stark an und verhindert den Ausbruch, so bedienet man sich der in dem ersten Zeitraum wider das heftige Fieber abgegebenen Mittel, und füget ihnen am

Ende

Ende noch den Mohnsaft zu, wenn insbesondere das Erbrechen und die Rückenschmerzen anhalten, oder der Durchfall zu heftig seyn sollte. Dieses letztere Mittel kann auch füglich neben der Mixtur N. 12. gebraucht werden. Sollte es Verstopfung nach sich ziehen, so hilft man mit N. 2. Es ist gewiß ein unschätzbares Mittel wenn es gegen Abend ein paar Stunden vor dem Fieber und in einer gehörigen Gabe von einem Arzt verordnet wird. Wenn aber endlich an dem verhinderten Ausbruch die Schwäche des Kranken die Ursache, so giebt man ihm wie in dem ersten Zeitpunkt bei dem schwachen Fieber, Wein und Weinschotten, und legt N. 8. oder N. 11. auf die Waden. Sollten sie wiederum einzusinken drohen, oder von schlimmer Art und mit Blutflüssen verbunden seyn, so muß der Arzt seine Zuflucht zu der Kinkina oder Fieberrinde nehmen, und sie so wol innerlich, in welcher Form es möglich reichlich geben, als auch in Klistieren beibringen lassen. Auch Mineralsäuren können mit der Rinde in Verbindung stehen, wenn das Fieber von fauler Art ist, wie es gewöhnlich.

Der dritte Zeitraum. Die Vereiterung der Blattern gehet desto besser vor sich je fleissiger der Kranke in den vorigen Zeiträumen getrunken, welches auch jetzo das Beste ist. Bei heftiger Hitze bedient man sich des Mittels N. 12. fleissig, und wenn sich Entzündungen entspinnen sollten der Blutigel. Den sinkenden Kräften welche der schwache Puls verräth, hilft man durch N. 8. oder N. 11. Dem fleissigen Gebrauch der Fieberrinde; und nach einiger

ger Erfahrungen durch den Kampfer auf. Die Mohnmittel scheinen in diesem Zeitraum, wegen den zu befürchtenden Versetzungen der Krankheitsmaterie, insbesondere bei kleinen schädlich zu seyn. Man kann auf andere Art die Schmerzen des Kranken lindern. Ausser der Anwendung schon gedachter Mittel ist es nöthig eine Person an das Bette zu setzen, welche das Kratzen verhindern und beständig mit einer Feder über die Blattern im Gesichte hin- und herfahren muß: Ferner die Aerme und Beine deßgleichen auch das Gesicht mit erweichenden Ueberschlägen fleissig zu bähen, oder welches bequemer ist mit Meliloten oder Steinkleepflaster zu bedecken.

Ein nicht weniger heilsames Mittel dem Eiter einen Ausgang zu verschaffen und Gefahren vorzubauen, ist das fleissig wiederholte Aufstechen der reifen Blattern. Manchmal verrichten es die Kranken selbst gern mit einer Nadel: es ist aber immer besser eine feine Scheere darzu zu gebrauchen, und nach der Oefnung jedesmal mit einem in lauwarmen Wasser oder Milch getunkten Schwamm den Eiter abzuwischen. Durch dieses einfache Mittel werden auch schlimme Narben verhütet; die Geschwulst des Gesichtes vermindert, und der Speichelfluß wird weniger heftig. Das durch die Geschwulst verursachte Zusammenkleistern der Augenlieder kann verhindert werden, wenn man sie fleissig mit warmer Milch und Wasser bähet, vernachläßigt man es aber, und sie sind zusammen geschworen, so muß man sie nicht eher öfnen bis keine Eitermaterie in die Augen fliessen kann. Man streicht

als-

alsdenn wenn sie schon trocknende Blattern haben, mit einer Feder etwas Mandelöl auf dieselben, so gehen sie sehr leichte von selbst auseinander. Wärend dem Speichelfluß legt sich der Kranke nach der einen oder der andern Seite um ihm einen Abfluß zu verschaffen. Er wird sehr erleichtert wenn fleissig warme Milch mit etwas Zucker getrunken wird. Zum Einspritzen und Gurgeln kann man Wasser mit Honig oder Meerzwiebelsaft zusammen mischen. Sollte der Speichelfluß Erstickung drohen, so können Brechmittel, Klistiere und Laxiermitel nach Umständen notwendig seyn. Hemmt er sich aber zu fruhe und Geschwulst am Gesichte und den Händen fällt plötzlich nieder, so darf man einige Gaben von einem Mohnmittel wagen, insbesondere alsdenn wenn ein heftiger Husten sich einstellt. Den Speichelfluß ersetzt bei Kleinen ein heilsamer Durchfall. Da viele Erfahrungen bewiesen, daß die Kinder welche am 9. oder 10. Tage einen solchen bekommen haben, auch bei sehr schlimmen Blattern gut durchgekommen sind, so ahm't die Kunst billig die Natur nach, und der Arzt verordnet, wenn der Kranke Kräfte genug hat ein Laxiermittel. Vorzüglich rathen einige des Glaubers Wundersalz, weil es zugleich auf die Urinwege würkt; den Urin aber befördert am besten der Gebrauch des N. 1. andere schlagen kühlende, noch andere Quecksilber Laxanzen vor: öfters habe ich N. 6. mit Nutzen gegeben, meistens am eilften Tag, wenn die Geschwulst des Gesichts gefallen und die Blattern im Gesichte abdorreten.

Je

In dem vierten Zeitraum wird die bereits angefangene Heilart verfolgt. Man führt fort die reifen Blattern aufzuschneiden, den Speichelfluß zu unterhalten, die Laxiermittel um den zweiten oder dritten Tag einigemal zuwiederholen u. s. w. die abgetrockneten Blattern bestreicht man mit Mandelöl, nicht mit Eyeröl, welches gelbe Flecken in der Haut hinterläßt. Die dicken grossen Grinder der zusammenfliessenden bähet man fleissig mit warmer Milch und legt Wachspapier auf die Salbe. Bei einigen waren mir die warmen Bäder von erwünschtem Nutzen. Der Kranke muß übrigens auch in diesem Zeitraum fleissig N. 1. trinken; seine Wäsche wird mit Vorsichtigkeit geändert; sein Zimmer von faulen Dünsten befreiet und frische Luft, aber ebenfalls so daß er nicht erkältet wird zugelassen; er bekommt leichte Nahrungsmittel und sparsam, wenn er gleich gute Eßlust hat. Schwache Kranke erhalten Weinmolken, die Fieberrinde u. s. w. nach Umständen. Vereiternde Ohrendrüsen oder andere von der Versetzung entstehende Beulen, werden durch erweichende Ueberschläge zur Zeitigung gebracht, und so bald Eiter bemerkt wird mit der Lanzette geöfnet. Um sich fressende Geschwür, im Mund an der Nase ꝛc. werden nach dem XXIV. Kapitel und der Beinfras nach Anweisung des XXVIII. Kapitels behandlet. Innerlich ist die Kinkina ein Hauptmittel. Die oft lange nach den Blattern noch sichtbare rothe Flecken bestreicht man täglich etlichemal mit einer Mischung aus 16. Theilen Rosenwasser und 1. Theil Kampfergeist. Wenn der Kranke ganz genesen, so hält man ihn doch noch
eini-

einige Wochen zu Hause; und es hat dieses einen gedoppelten Nutzen, der Kranke meidet die freie Luft und Erkältung, und giebt auch zu weiterer Ausbreitung des Uebels durch die Ansteckung, keine Gelegenheit.

Die Inoculation der Blattern.

Wäre es möglich die Blattern ganz zu vertilgen, so dörfte man nicht an das Einpropfen derselben gedenken. Allein, da die Erfahrung leider lehret, daß weder die zu ihrer Ausrottung gegebene Rathschläge können in Erfüllung gebracht werden; noch auch solche Mittel vorhanden, welche das Blattergift gleichsam in der Geburt ersticken und zerstören können, so viel Rühmens man auch immer von dem Spießglas, Quecksilber, Kampfer, der Fieberrinde und andern hochgepriesenen Arzneien gemacht hat; so ist es nothwendig an ein Mittel zu gedenken, durch welches die Blattern so gutartig und mit so wenig als möglicher Gefahr verbunden gemacht werden. Dieses Mittel findet man an der Inoculation.

Inoculiren, einimpfen, einpfropfen, Blatterbelzen heißt, einem gesunden Menschen eine gutartige Blattermaterie von aussen mittheilen, und ihm dadurch natürliche aber nicht gefährliche Blattern machen.

Die beste Art die Blattern einzupfropfen ist folgende. Man taucht eine fornen breitgeschliffene Nadel

del in eine Blatter welche in Vereiterung zu gehen anfängt, und bringt diese mit dem Blattereiter vergiftete Nadel zwei oder drei Linien breit zwischen dem Oberhäutgen und der Haut selbst ein, ohne daß es Schmerzen verursachet noch blutet; und indem man die Spize wieder zurücke ziehet, drückt man das Oberhäutgen mit dem Finger ein wenig an, und so läßt man es ohne Verband und Pflaster gehen. Die beste Stelle hierzu ist, die an der Hand zwischen dem Daumen und dem Zeigefinger.

Es wäre zu weitläufig wenn ich hier von den andern Arten der Einpfropfung mit Faden, Schorfen u. s. w. nach vorhergegangenen Einschnitten oder Blasenpflastern handlen wollte, da sie zu gekünstelt sind und nicht selten schlimme Folgen gehabt haben.

Nach geschehener Inoculation läßt man den Kranken die freie Luft geniessen, macht ihm Zerstreuungen, und ohne in seiner gewohnten Lebensart etwas zu verändern, erwartet man die Erscheinungen an dem Orte wo man eingeimpft hat. Es erfolgen an demselben Entzündung und Blattern, die wie die natürlichen eitern und abtrocknen. Die Wunde selbst eitert und wenn sie reinlich gehalten wird, so heilet sie gewöhnlich von selbst.

Nach einigen Tagen entstehet auch ein Fieber, welches die nämliche Zufälle hat wie das Ausbruchfieber der natürlichen Blattern, und wenn es nicht heftig ist, keine Hilfe erfordert. Den dritten oder vierten Tag kommen nun ebenfalls die Blattern
zum

zum Vorschein, gewöhnlich in geringer Zahl, im Gesichte, und mit einer merklichen Besserung der Umständen. Und so gehet der ganze Verlauf der künstlichen Blatterkrankheit den natürlichen Gang wie bei den gutartigsten Blattern. Am Ende derselben wird ebenfalls einige mal laxirt. Nachher bekommt dem Genesenden eine leichte nahrhafte Kost insbesondere die Milch am besten.

Man spricht wie bekannt sehr viel von der Präparation oder Zubereitung zur Inoculation. Ich halte alle Zubereitung für unnütze und überflüssig, ja ich glaube gewiß sie kann schädlich werden, wenn der zu der Inoculation bestimmte gesund ist; und einen Kranken hoffe ich, wird man nicht inoculiren, sondern von seiner Krankheit zu befreyen und zu heilen suchen.

Die Vortheile welche uns die Inoculation gewähret, sind sehr wichtig, und ihre genaue Betrachtung kann Jeden, der sich überzeugen lassen will, von ihrem Nutzen, ja ich will so gar sagen von ihrer Nothwendigkeit überführen.

Die inoculirte Blattern sind fast nie oder doch sehr selten tödlich, da hingegen die natürlichen eine grosse Menge Menschen wegraffen. Die Ursachen der mindern Gefahr sind folgende. Man unternimmt die Einpfropfung zu einer Zeit, wo auch die natürlichen gut ablaufen, und die beste ist, in dem 2ten bis 3. Monat oder von dem 3ʼ6. Jahr: ferner wählet man die beste Jahrszeit, meistens den

P Früh-

Frühling oder anfangenden Herbst; und wenn weder diese Blattern, noch eine andere ansteckende Krankheit unter den Kindern herrscht. Man inoculirt wenn das Kind gesund ist, dahingegen natürliche Blattern zu einer Zeit kommen können, wo das Kind krank ist, z. B. Zahnarbeit, Durchfall u. s. w. hat und alsdenn gefährlich werden können.

Den Beweiß der geringern Gefahr der künstlichen Blattern gegen die der natürlichen, geben die Berechnungen aus den Todtenlisten. Diese sagen uns, das von 345. Inoculirten einer gestorben, und hingegen stirbt an den natürlichen Blattern jeder 6. oder 7de Mensch im Durchschnitt. Auch beweiset jeder Inoculirte, daß die Zufälle in der künstlichen Blatterkrankheit, lang nicht so heftig als bei der natürlichen. Nicht zu gedenken daß nach den künstlichen keine Narben zurücke bleiben.

Die Beispiele so vieler Geretteten, der Vorgang der Grossen dieser Erden, und die in vielen Ländern zur Beförderung der Inoculation gemachten gute Anstalten, sind immer ebenfalls redende Beweise ihrer Vortreflichkeit.

Nichts desto weniger giebt es auch Einwürfe, die geprüft und wiederlegt werden müssen, ehe sich Aeltern entschliessen können, ihr Kind der Inoculation zu unterwerffen. Sie sind folgende. Da doch einer unter 345. vielleicht auch unter 3000. stirbt, können die Aeltern sagen, und dieses unglückliche Schicksal unser Kind trifft, werden wir
nicht

nicht Mörder desselben, indem wir es ohne Noth krank machen und der Gefahr des Todes aussetzen, der es vielleicht, wenn wir es nicht inoculiren liessen, entgehen, auf Zeit Lebens entgehen, oder doch noch viele Jahre als ein brauchbarer Bürger zum Nutzen des Staats leben könnte? Ich gestehe es dieser Einwurf ist schreckend, und das Gewissen eines zärtlichen Vaters müßte bei einem solchen Fall unheilbare Bisse empfangen, wenn nicht Gegengründe vorhanden wären, welche die Religion und die vernünftige Betrachtung der Inoculation selbst, an die Hand geben. Man weis aus der Erfahrung, daß nur diejenigen durch die Inoculation Blattern bekommen, deren Körper eine Geneigtheit hat, die andern nicht. Die Inoculation ist das einzige Verwahrungsmittel, wodurch wir eine grausame und unvermeidliche Krankheit, in eine weniger gefährliche verwandeln.

Und warum sollten wir in diesem Fall nicht eben so wol wie in andern, der Stimme der Religion, welche uns sagt, daß wir die Mittel gebrauchen sollen, welche die drohende Gefahren von uns entfernen können, Gehör geben, und die Pflicht beobachten, welche der Staat, in Absicht unserer Erhaltung von uns fordert. Wenn auch ein Kind an künstlichen Blattern stirbt, so ist doch immer noch die Frage ob sein Tod der Inoculation oder andern Ursachen zu zuschreiben? Endlich wenn man aus Furcht die Inoculation unterläßt, und das Kind stirbt nachhero an natürlichen Blattern mit welchen Trostgründen wollen sich alsdenn die Aeltern trösten, wenn sie sich den Vorwurf machen müssen ein Mittel versaumt zu haben, welches schon tausenden das Leben gerettet, und sehr wahrscheinlich auch dieses würde erhalten haben?

Einen andern Einwurf machen die nach der Inoculation bei verschiedenen bemerkten Rückfälle. Sie sind so wenig zu leugnen als das Wiederkommen der natürlichen Blattern. Aber die Aerzte wissen wie selten beede Fälle statt haben; und sehr oft mögen Fehler bei der Inoculation an den Rückfällen der Inoculirten schuld gewesen seyn.

Ein minder wichtiger Einwurf ist es, wenn man behauptet die Blattern greiffen durch die Inoculation weiter um sich. Einige wollen solche Epidemien bemerkt haben, andere aber, die ebenfalls glaubwürdig sind, haben das Gegentheil behaupt. Was aber auch daran wahr seyn mag, so ist die Seuche schon einmal auf der Welt, und die Inoculation kann nie mit Sicherheit zur Zeit einer Epidemie vorgenommen werden. Macht sie die Gefahr nothwendig so leidet eine Ausnahme statt. Hält man den Inoculirten lang genug zu Hause, so steckt er sicher keinen andern Gesunden an.

XXXIX. Kapitel.
Die Masern.

Die Masern, Rötheln, Rothsucht sind eben so wol epidemisch als die Blattern, gehen oft vor ihnen

ihnen her, oder folgen auf dieselben, pflanzen sich auch durch die Ansteckung fort, aber sie sind von ganz verschiedener Art, und welches das beste ist, nicht so gefährlich und tödlich. Die Zeichen welche als Vorboten sie anzukünden pflegen sind Schläfrigkeit, abwechselnder Frost und Hitze, ein trockener anhaltender Husten mit Heischerkeit und öftern Niesen, fliessen der Nase: die Augenlieder sind geschwollen, die Augen sehen roth aus, sind sehr empfindlich und es fliessen häufig scharfe heisse Thränen aus denselben. Unter diesen Zufällen, zu welchen man auch eine weisse aber feuchte Zunge, einen trüben milchichten Urin, bei einigen ein Nasenbluten, bei andern einen Durchfall, und wenn die Krankheit heftig ist Eckel und Erbrechen, rechnen kann, erscheinen gewöhnlich am dritten Tag Abends, seltener am vierten oder fünften, zu erst im Gesichte und nachher an der Brust und den übrigen Theilen des Körpers, rothe den Flohstichen ähnliche Flecken, welche sich ausbreiten und gleichsam zusammen fliessen, im Gesichte allein aber, etwas wenig erhaben anzusehen und rauh anzufühlen sind; da sie hingegen auf der Brust wo sie am häufigsten, und an den übrigen Theilen platte rothe Flecken vorstellen. Die Zufälle, das Erbrechen ausgenommen, lassen nach dem Ausbruche der Masern nicht nach, sondern die Schläfrigkeit, Hitze, verlohrene Eßlust und das Triefen der Augen halten an; und der Husten dauert wol die ganze Krankheit ja noch länger; er ist oft sehr beschwerlich und dem Keichhusten ähnlich und läßt Erstickung, Lungenentzündung und Schwindsucht befürchten. Von dem fünften bis zu dem siebenden

den Tage verliehren die Flecken ihre Röthe wieder und werden blaß, und den achten oder neunten längstens eilften sind sie ganz weg, und trocknen in ganz kleinen zarten Schuppen wie Mehl, unter einem allgemeinen Schweis und Jücken der Haut ab. Bei einigen stellt sich ein Durchfall ein, der wenn er mässig ist die Umstände sehr erleichtert, die Beschwerden auf der Brust, Husten ꝛc. wegschaft, und wirklich als eine heilsame Scheidung der Krankheit anzusehen ist. Wenn er aber zu stark ist, so wird der Kranke matt und entkräftet; und hält er einige Wochen nach der Krankheit an, so stirbt der Kranke langsam an einer Auszehrung. Einige Kranken sind ohne schlimme Folgen die ganze Krankheit hindurch verstopft. So unschädlich ein mäßiges Nasenbluten vor dem Ausbruch der Masern ist; ja heilsam genennt zu werden verdient, in dem es Kopf- Augen- und Halsweh hebet oder doch vermindert; so nüzlich ist es auch im Stand und am Ende der der Krankheit weil es der Lungenentzündung und Schwindsucht vorbauet: es kann aber doch auch ob es gleich selten geschiehet durch seine Heftigkeit tödlich werden.

Wenn keine von diesen Ausleerungen, auch kein häufigeres Urinlassen erfolgt, so gehet die Krankheit in eine Lungenentzündung oder Schwindsucht über. Jene erkennet man an der verstärkten Hitze, dem anhaltenden Husten, beschwerliches Odemholen und endlich einer Röthe der Wangen. Bei dieser vermindert sich zwar das Fieber, doch kommt es täglich, der Kranke hat Engbrüstigkeit und unter einem mit eiterhaften Auswurf verbundenen Hu-

sten,

ſten zehrt derſelbe ab, und nähert ſich dem Grabe mit langſamen Schritten.

Noch andere Folgen der Maſern ſind, verſchiedene langwierige und oft unheilbare Augenkrankheiten, ein dem Keichhuſten ähnlicher Krampfhuſten, Geſchwüre u. ſ. w.

So wenig Gefahr die Maſern an ſich ſelbſt haben, wenn man ſie gut behandelt, ſo hat doch jede Epidemie ihr eigenthümliches, und die Beſchaffenheit des Kranken ſelbſt, wie auch die ſich zugeſellende Fieber, machen eine groſſe Veränderung auf die der Arzt bei der Behandlung vorzüglich Rückſicht nehmen muß. Doch kann man überhaupt ſagen daß die Maſern ſchlimm und bösartig, wenn der Kranke gleich von Anfang entkräfftet iſt, der Ausbruch zu geſchwinde oder zu langſam erfolgt, oder die Maſern zurücktretten und der Kranke dabei irre redet; ferner wenn er aufgedunſen iſt, die Maſern blaß oder gelblich oder ſchwärzlich ausſehen, wenn andere Ausſchläge ſich zwiſchen ihnen einfinden, oder wenn die Maſern ſelbſt oder ein Scharlachausſchlag um den 8. oder neunten Tag erfolgen; oder wenn eine brandigte Bräune vorhanden iſt, welche oft ſchon den vierten Tag tödtet u. ſ. w.

Die Maſern haben einen dreifachen Zeitraum. Der erſte dauert bis zum Ausbruch und man kann ihn den Zeitraum der Anſteckung nennen. Der zweite des Ausbruchs, gehet bis dahin wo das Abſchuppen anfängt. Der dritte, das Abſchuppen fängt gewöhnlich von dem ſechſten oder ſiebenden Tage an, und endigt ſich mit dem achten oder neunten. Es iſt um ſo mehr nöthig dieſes genau zu merken, weil die Heilart nach den Zeiträumen verſchieden einzurichten.

In

In dem ersten Zeitpunkt kommt es auch bei dieser Krankheit auf eine gehörige Lebensordnung und Wartung an. Ein zu kühles Verhalten ist eben so schädlich als ein zu warmes. Die Luft in dem Zimmer muß gemäßiget seyn, und der Kranke für Erkältung sowol als Zugwind, sich hüten oder in Acht genommen werden. Man thut sehr wohl wenn man das Zimmer so dunkel als möglich macht und insbesondere viele Lichter daraus verbannt, weil sonst die Augen des Kranken leyden. Eben so nöthig ist es auch, weil der Kranke dadurch beunruhiget wird, die überflüssige Besuche sich zu verbitten. Man giebt dem Kranken dünne und laulich warme Getränke fleissig. Milch mit Wasser, N. 1. Holderblüte mit Milch als Thee und endlich eine ganz dünne Mandelmilch könne hierzu gewählet werden. Hingegen sind alle saure Dinge zu vermeiden. Als Speisen können Gersten, Reiß, Sago, Hafergrütze in Suppen und endlich auch gekochtes Obst gewählet werden. Fleisch, Fleischsuppen, Eyer u. s. w. sind als schädliche Nahrungsmittel verwerflich.

Nur bei heftigem Fieber werden in den ersten Tagen bei kleinen Blutigel hinter die Ohren angesetzt und bei etwas erwachsenen Schröpfköpfe gewählet oder Blut gelassen. Hat der Kranke eine unreine Zunge, bittern Geschmack im Mund, eine Neigung zum Erbrechen oder ein wirkliches Erbrechen so läßt man ihn N. 1. lauwarm, oder einen Kamillenthee trinken, und sucht es auf diese Art zu befördern. Eine oder 2. Gaben von N. 3. sind ebenfalls nützlich, insbesondere wenn viel Unrath im Magen und den Gedärmen oder Würmer zu vermuthen sind.

sind. Ein zu heftiges Erbrechen erfordert Klistieren. Wenn der Leib verstopft und von Winden ausgedehnt ist, der Kranke Stuhlzwang hat, so sind nach Maaßgabe der Umständen wiederholte Klistiere nöthig. Sehr kleine Gaben von N. 3. nach dem Alter, sind wenn auch ein Durchfall vorhanden, sehr schicklich, nur müssen sie so schwach seyn, daß sie nicht Erbrechen machen, sondern abführen. Ein zu starker Durchfall läßt sich allein durch ein Mohnmittel heben. —

Selten ist das Nasenbluten zu heftig und daher ja nicht zu stillen; sollte es aber so stark seyn, daß der Kranke im Gesichte blaß und an Händen und Füssen kalt zu werden anfängt so muß man es durch zugeschnittenen in die Nasenlöcher gesteckten Zunderschwamm zu stillen suchen. Für die Röthe und Entzündung der Augen sind äuserlich lauwarmes Rosenwasser mit Milch, oder auch ein wässerigter Aufguß von Eibischwurzel als Waschwasser dienlich: Blutigel, Laxiermittel und endlich Blasenpflaster auf die Waden sind alsdenn vortrefliche Mittel wenn die Masern Augenfehler zurücke lassen.

Wenn der Husten nicht durch Hollunderthee mit Milch, Gerstentrank u. s. w. gemässiget wird, so kann eine beliebige Menge Milchzucker in Wasser zerlassen und getrunken werden, oder man giebt Frauenhaar Sirup und eben so viel Meerzwiebelsaft und Eibischsaft Löffelgenweise, oder man läßt die Kinder an Lederzucker oder Eibischpasta schlotzen und die etwas ältern einen Dampf von warmen Wasser oder Milch fleissig in die Lunge ziehen; und wenn alle diese Mittel fruchtlos seyn sollten, so nimmt der Arzt

Arzt seine Zuflucht zu einer, auch wiederholten Gabe Mohnsaft, zu der Zeit im Tage, wenn am wenigsten Hitze vorhanden, und nachdem der Leib schon durch Klistiere oder Abführungsmittel gereiniget worden. Man darf, da bei den Masern hauptsächlich die Brust oder Lungen leidet, nicht vergessen die Brust des Kranken mit warmen Tüchern wohl zu bedecken. -- Die sonst gewöhnlich öligte Brustmittel desgleichen die Pimpernell und andere Brustessenzen, sind bei den Masern schädlich. Wenn der Hals leidet und innwendig verschwollen ist so schafft ein Senfüberschlag N. 8. den man aber nur so lange um den Hals liegen läßt bis er ein Brennen verursachet, die geschwindeste Hilfe. Mehrere Mittel kann man in dem XXXV. und XXXVIsten Kapitel nachschlagen.

In dem zweiten Zeitraum, wenn die Masern von selbst gehörig ausbrechen, wird nichts weiter erfordert, als daß sich der Kranke gefallen lasse, reichlich eines oder das andere von obgedachten Getränken warm zu trinken, ruhig im Bette bleibe, und eine ganz gelinde Ausdünstung gehörig abwarte. So schädlich der täglichen Erfahrung zufolge hitzige schweistreibende Mittel sind, so sehr hat man auch den Kranken vor Erkältung, nicht weniger vor Aergerniß und Schrecken zu hüten.

Kommen aber die Masern zu langsam heraus, so weist der Arzt durch die Kinkina, den Kampfer Biesam und Blasenpflaster die schwachen Kräfte zu unterstützen; und auch diese Mittel nach der mehr oder weniger boßartigen Natur der Krankheit, zu wäh-

wählen, einzeln oder in Verbindung anzuwenden u. s. w.

Treten die Masern zu frühzeitig zurücke so thut ein warmes Bad die vortreflichste Dienste, es werden aber doch auch der Kampfer, Biesam, Phosphor und Blasenpflaster in manchen Fällen anzuwenden, allemal aber mit reichlich warmen Getränke zu verbinden seyn. Wenn der Kranke sehr unruhig so kann auch ein Mohnmittel auf den Abend mit Nutzen verordnet werden. Die übrige Behandlung der Zufälle bleibt auch in diesem Zeitraum die nämliche, die in dem ersten kurz vorher angegeben und gelehret worden.

Der dritte Zeitraum oder die Abtrocknung. Gehet die Krankheit ohne Gefahr vorüber, so werden die Flecken blaß und trocknen ab, die Haut wird weich, das Fieber legt sich, und es erfolgt eine gute Ausdünstung oder Schweiß. Fleissiges Trinken ist auch hier nothwendig. Im Fall der Schweiß nicht erfolgt, so kann mit warmen Getränke und Kampfer N. 15. helfen. So erhält man die Ausdünstung bis das Fieber weg ist, und hierauf giebt man dem Kranken zu wiederholten malen ein dem Alter angemessenes Laxiermittel, und läßt ihn noch einige Zeit die Luft vermeiden.

Wenn statt des Schweisses ein erleichternder Durchfall sich einfindet, so erhohlet sich der Kranke ebenfalls durch diese Ausleerung, der Husten und das Fieber nehmen ab, die Augen werden munter, der Kranke bekommt Kräfte, und wird gesund. In diesem Fall muß der Durchfall nicht gestillet werden, weil er heilsam ist. Sollte er aber zu heftig

tig und schmerzhaft oder zu anhaltend und entkräftend seyn, so muß ihm der Arzt Mohnmittel entgegen setzen.

Dieses sind die guten Ausgänge der Krankheit. Gefährlich aber siehet es mit dem Kranken aus, wenn nach scheinbar überwundener Krankheit, eine Lungenentzündung oder eine Schwindsucht entstehet. Jene erfordert nach Umständen Blutigel oder Blutlassen, Blasenpflaster auf die Brust, Klistiere, kühlende Mittel, u. s. w. Bei dieser können nach den Umständen kleine wiederholte Blutausführungen, Laxiermittel, die Milch, Molken, die Mittel aus dem Spießglase vorzüglich aber der Mineralkermes, der Meerzwiebelsaft, und endlich wenn der Auswurf eiterig ist die Fieberrinde in Verbindung mit dem Isländischen Moos, oder dieses allein in einer Abkochung, von dem besten Erfolge, unter der Leitung eines Arztes seyn.

Wenn nach den Masern eine wässerichte Geschwulst der Glieder zurücke bleibt, so giebt man Abführungen und hierauf die Kinkina.

Da sich die Krankheitsmaterie auch manchmal versetzt und Eiterbeulen verursachet, so muß man diese durch erweichende Ueberschläge suchen zu vertheilen oder in Vereiterung zu bringen, und wenn letzteres erfolgt, durch den Wundarzt öfnen und gehörig heilen lassen.

Noch muß ich auch der Einimpfung der Masern mit ein paar Worten gedenken. Ihr Erfinder unternahm sie auf folgende Art. Er ritzte die mit Maserflecken dichte besetzte Haut eines Maserkranken, daß es einige Tropfen Blut gab, diese
fien-

fienge er mit Baumwolle auf, und diese bande er
nach vorher gemachtem feinen Einschnitte dem Ein-
zuimpfenden auf beede Aermen. Es war an keine
Vorbereitung gedacht. Der Erfolg war, daß die
Eingeimpften meistens den 6ten Tag darauf krank
wurden, Schnupfen, Triefen der Augen ꝛc. beka-
men, fast ganz aber von Husten befreiet blieben,
und die Masern sich mit einem Durchfall endigten.
Neuere Versuche lehrten, daß man nur die Masern
mit Baumwolle reiben und diese aufbinden dörfe,
um seinen Zweck zu erhalten. Da der Kranke auf
diese Art vor der Auszehrung und Augenfehler ge-
sichert ist, so verdienet diese Erfindung insbesondere
wenn die Masern bösartig herrschen, die Aufmerksamkeit der Policey und der Aerzte.

XXXX. Kapitel.
Die Blutschwären.

Blutschwären, Furunkel oder Blutaissen wie man
sie hier zu Land nennt sind Geschwüre von einer ganz besondern Art. Sie sitzen nicht tief sondern sind erhaben, hart anzufühlen, schmerzhaft,
sehen äuserst roth und entzündet aus, lassen sich
nicht vertheilen sondern gehen in Vereiterung, aber
sehr langsam und oft erst in zehen Tagen, und
wenn sie an der Spitze aufbrechen so kommt Blut
und etwas wenig Eiter heraus, im Grunde aber
bleibt ein dicker und fester Körper zurücke, den man
den Eiterstock nennt, und wenn auch dieser der eine grössere oder kleinere dem Hollundermark ähnliche
Walze vorstellt herausgenommen werden kann, so

kommt

kommt noch eine Menge flüssiger Eiter aus dem Grunde nach, die Schmerzen hören auf und die Heilung erfolgt in wenig Tagen. Zur Zeitigung legt man einen Brey aus weissen Brod und Milch oder eine Mischung aus Honig, Mehl und Safran oder endlich das Diachylonpflaster auf, und dieses letztere setzt man bis zur gänzlichen Heilung fort.

Nur denn sind Blutschwären gefährlich, wenn sie nahe an den Augen oder irgendswo sitzen wodurch der Kranke an der Bewegung oder ruhigen Lage des Körpers gehindert wird. Kommen viele zugleich oder bald aufeinander, so muß der Arzt die Ursache untersuchen und nach Umständen sie zu heben trachten.

XXXXI. Kapitel.
Die Warzen.

So bekannt sie auch sind so erfordern sie doch eine genauere Betrachtung, von welcher auch ihr Unterschied und die Behandlungsart abhänget. Gewöhnlich bekommen Kinder von 5. 6. und mehrern Jahren, rauhe, harte, höckerige, oft aufgeschrundene, unschmerzhafte Auswüchse oder Geschwülste an den Fingern, Händen und andern Theilen, die sich durch ihre gelbe, graue oder dunkle Farbe unterscheiden; und diese nennt man Warzen. Einige derselben hangen gleichsam an Stielen, andere sitzen tief und ragen kaum über Haut herfür. Wenn eine Warze in ihrem Grund sich ausbreitet und das Ansehen einer Warze verlieret, röthlich, bleifarbig und schmerzhaft wird, so ist zu besor-

besorgen daß sie bösartig oder gar krebsartig werde. Wenn eine Menge zu gleicher Zeit, insbesondere gegen die Zeit der Mannbarkeit entstehen, so verschwinden sie oft wieder von selbst.

Da die Warzen fast meistens blos weil sie eine Ungestaltheit verursachen, die welche bösartig werden ausgenommen, eine Heilart erfordern, so muß man mit ihrer Heilung sich nicht übereilen, sondern genau vorhero untersuchen, ob und auf welche Art sie wegzubringen. Hierzu wird erfordert, daß man sie nach ihrer Gestalt, und dem Orte wo sie sich befinden genau betrachte: denn es würde ein unverzeihlicher Fehler seyn, wenn man sie alle gleich behandlen, oder die welche nahe an den Augen oder an Flechsen und Gelenken sich befinden mit ätzenden Mitteln u. s. w. wegschaffen wollte.

Die hangenden Warzen lassen sich am besten wegbringen, wenn man sie mit einer Seide oder Pferdehaaren kurz an der Haut zusammen schnüret und auf diese Art abbindet. Diejenigen welche nicht sehr über der Haut erhaben stehen, kann man anfänglich mit erweichenden Mitteln behandlen. Oft vergehen sie wenn man täglich grosse Gartenschnecken auflegt und dieselbe mit ihrem Saft sie gleichsam überkleistern läßt. Manchen hat das fleissge Waschen mit dem Schaum den das Mühlrad giebt die Warzen vertrieben. Noch gewisser ist der Erfolg wenn man sich 14. Tage bis 3. Wochen alle Tage etliche mal die Warzen so lange mit reiner guten Seife reibet, bis sie weich und weiß werden. Man suche aber ja zu verhindern, daß die Kinder nicht mit einem Federmesser oder anderen Instrumenmenten an der Warzen schneiden; denn dieses hat allemal schlimme Folgen, und oft entstehet aus einer solchen Unvorsichtigkeit ein unverbesserlicher Schaden.

Lassen sich die Warzen auf diese Art nicht vertilgen, so muß man endlich Aezmittel zu Hilfe nehmen. Die spanische Fliegentinktur kann sie bald zerstören, wenn sie täglich 8. bis 12. mal auf sie gestrichen wird. Das nämliche erfolgt wenn man sie einige Tage mit einem Blasenpflaster bedeckt, zum Schwären bringt und die Wunde nachhero mit dem weissen Pflaster heilet. Diese beeden Mittel, wenn sie gehörig gebraucht werden, sind weit sicherer als die äzende Säfte der Wolfsmilch, des Schellkraut und anderer ähnlichen Pflanzen und einer Menge scharfer Mittel aus der Apothecke. Man wird sie auch dem Ausreissen der Wurzeln der Warzen, dem Schnitte, und dem Brennen mit dem glühenden Eisen vorziehen.

Aber bei den bösartigen ist doch der Schnitt welchen die geübte Hand eines guten Wundarztes verrichtet unentbehrlich, und das einzige Mittel gefährlichen Folgen sicher vorzubeugen.

Ueber die sympathetischen Kuren lachet billig jeder Vernünftige.

XXXXII. Kapitel.

Von dem Nasenbluten.

Knaben sind dem Nasenbluten häuffiger unterworffen als Mädchen. Bei einigen ist es ein Erbstück und hält von der frühen Kindheit bis zu den männlichen Jahren an, in dem es zu manchen ja selbst oft bestimmten Zeiten wiederkommt, wobei sich die Kinder sonst wol befinden, und oft vor Krankheiten verwahret bleiben. Erhitzung und Wallung des Bluts, nach heftigen Bewegungen, Bier oder Wein trinken u. s. w. bringen es sehr leicht herfür, und wo einmal eine Geneigtheit ist, kommt das Nasenbluten öfters wieder. Die äuserlichen Ursachen sind ein Fall, Schlag oder Stoß auf die Nase oder Stirne. Meistens fliesset das Blut nur aus einem Nasenloch, selten aus beeden zugleich. Wenn es heftig ist oder ein Schlaf erfolgt, so schlucken die Kinder das Blut hinter, und man hat bei der Behandlung darauf zu sehen, daß man es so bald als möglich wieder aus dem Magen wegschaffe. Bei dem Nasenbluten suche man den Kopf vorwärts zu halten, zu verhindern daß der Kranke seine Nase schneutze oder auf andere Art reitze, und ihm endlich Muth zu spreche, daß er es geduldig abwarte; denn je ungedultiger das Kind dabei wird desto hartnäckiger wird es. Eben dieses geschiehet auch wenn man sich anfänglich bemühet, das Bluten mit kaltem aufgegossenen oder mit Bäuschen auf die Stirne gebundenem Wasser zu stillen. Eine hinzukommende Ohnmacht durch welche das Nasenbluten gestillet wird darf nicht erschrecken; der Kranke kommt gewöhnlich von selbst oder wenn man ihn mit Weinessig anstreicht wieder zu sich. Wenn aber das Nasenbluten sehr heftig und anhaltend ist, der Kranke im Gesichte und an den Lippen blaß wird, und die äussern Glieder kalt werden, so muß man es stillen. Die besten innerlichen Mittel bei Wallungen sind kaltes Wasser pur, oder mit Weinessig oder Zitronensaft,

saft, und N. 12. Löffelweise. Bei oft wiederkommendem und periodischen Nasenbluten sind Klistiere oder die Fieberrinde: und wo eine Auflösung der Säfte die Ursache, die Alaunmolken, die Heilmittel, welche unter der Aufsicht des Arztes zu gebrauchen sind.

Von äuserlichen giebt es eine Menge. Folgende aber sind die besten. Man lege einen in Essig getauchten Lappen kalt auf die Stirn: Man bringe Eiß oder Schnee auf die Stirnel und Nase, setze aber zugleich den Kranken in ein laues Fußbad und bediene sich innerlich kühlender Mittel. Man binde die Aerme und die Schenkel des Kranken, und gebe ihm ein laues Fußbad bis an die Knie. Wenn es gestillt ist so muß man die Bänder behutsam lockerer machen, und nachher nicht auf einmal alle, sondern nach und nach in einigen Stunden los machen. In die Nase selbst läßt man kaltes Wasser, Weingeist, gepulverten Alaun, in Wasser aufgelöseten Vitriol u. s. w. aufschnupfen, einblasen und einspritzen. Sicherer aber und gewisser als alle diese Mittel ist ein Stück zurechte geschnittener Zunderschwamm, welches man so hoch als möglich in das blutende Nasenloch bringet und mit dem Finger andrückt, das es hält. Oder man wickelt um ein dünnes Wachsstöckgen ausgezupften Leinwandfasern, bestreicht sie mit Eiweiß, streuet gepulverten Vitriol darauf und steckt es hierauf in die Nase: will man noch äuserlich auch Kompressen hinzu thun, so ist man desto sicherer. Diese Mittel oder der Blutklumpen der sich bei dem Blutstillen vorsetzt, muß so lang sitzen gelassen werden, bis sie von selbst nach einigen Tagen weggehen, sonst kommt das Bluten leichte wieder. Uebrigens hält sich der Kranke ruhig, bekommt eine leichte Kost und wenn alle Gefahr vorüber und Blut in den Magen geronnen wäre nach einigen Tagen ein dem Alter schickliches Laxiermittel. Die sympathetischen Mittel das Nasenbluten zu stillen sind gewönlich unsicher.

Eigene Heilarten nach ihrer Verschiedenheit erfordern die Zufälle und Krankheiten die auf ein zu frühzeitig gestilltes oder verhindertes Nasenbluten erfolgen. Sollte eine Blutausleerung nötig seyn, so würde ich sie durch Blutigel zu ersetzen rathen; sie wird allemal sicherer seyn als ein durch die Kunst z. B. mit einer in die Nasenlöcher eingestoßenen Feder oder spitzigen Blatt erzwungenes Nasenbluten.

Verzeichniß der Hilfsmittel.

N. 1.
Schotten oder Molken.

Kochet eine beliebige Menge Milch und tröpfelt wenn sie überlauffen will, so viel Zitronensaft oder Weinessig in dieselbe, als nötig sie zum Gerinnen zu bringen, gießet hierauf das Klare durch ein Tuch oder Löschpappier in ein reines Gefäß oder Hafen und verwahr't es zum Gebrauch. Will man süssen Schotten haben, so thut man zu ½ Maaß des durchgeseihten, das Weiße von 2. Eieren, welche vorher zu einem Schaum geschlagen worden läßt es damit noch einige Minuten aufkochen, hierauf in etwas erkälten und noch einmal durchseihen. Geschwinder erhält man süsse Molken, wenn man 2. Loth Milchzucker in einem Schoppen Wasser auflöset.

Die säuerlichen Molken sind die gewöhnlichste Art, und die meisten Kinder trinken sie ohne Wiederwillen; sie erhalten den Leib gehörig offen, und können auch zum Klistieren dienen. Wer ihre Säure scheuet, oder wenn das Kind sich weigerte sie zu trinken, wähle süsse. Den Weinschotten dessen einigemal Erwähnung geschehen, macht man, in dem auf 1. Maaß kochende Milch ½ Schoppen Wein gegossen, damit noch einmal aufgekocht und hernach durchgeseihet wird.

N. 2.
Klistiere.

Nehmet 3. bis 4. Löffel voll Milch und eben so viel Wasser, lasset es auf dem Feuer warm werden, thut es hierauf in eine Blase und 2. bis 3. Löffel voll Oel dazu. Oder

Löset in 6-8. Löffel voll warmen Schotten 1. Löffel voll Honig auf, und gebt dieses als ein Klistier. Soll das Klistier mehr abführend seyn, so kann man 1. Kaffeelöffel voll oder 1. Fingerhut voll Kuchensalz zu setzen. Diese Klistiere sind für Säuglinge. Für ältere Kinder kochet man 1. Hand voll Kamillen oder Pappeln in 1. Schoppen Wasser oder Milch, seihet die Abkochung durch ein Tuch, und setzt ihr 1-2. Löffel voll Oel und 2-3. Kaffeelöffelgen voll Salz zu. Sie dörffen nicht wärmer gegeben

ben werden, als man die Wärme der Blase in der das Klistier ist auf dem Auge leiden kann.

Des Tabacksrauchklistier's habe ich in dem ersten, verschiedener Klistiere wider die Würmer im acht und zwanzigsten, und des mit Kinkina bereiteten, in dem vier und dreissigsten Kapitel Erwähnung gethan.

N. 3.
Das Brechwasser.

Lasset 1. Gran Brechweinstein in 6. Loth gemeinem warmen Wasser sich auflösen, und versüsset es mit Honig oder mit einem Sirup.

Man giebt kleinen Kindern alle halbe Stunden 2. Kaffeelöffelgen voll bis ein Erbrechen oder Stuhlgang erfolgt, so denn hält man vor denselben Tag inne. Für Grössere ist die Gabe alle Stunden 1. Eßlöffel voll, auf die nämliche Art.

N. 4.

Mischet 1. Loth weisse Magnesia und 2. Gran Brechweinstein genau unter einander. Kleine bekommen von diesem Pulver eine Messerspitze voll in jedem Brei oder Milch, Grössern kann man 1. Kaffeelöffelgen voll auf einmal geben.

N. 5.

Nehmet Weinsteinrahm und Zucker von jedem gleich viel und mischet es zusammen.

N. 6.

Man nehme Jalappenharz, vor ein Kind von 3–4. Jahren, 3. Grane; von 5–6. Jahren 4., von 7-10. Jahren 5., von 10. bis 15. Jahren 5½-6. Grane, reibe es mit ein wenig Zucker und etlichen abgeschälten Mandeln ab, giesse wärend dem Reiben 1-2. Löffel gemeines Wasser zu, und versüsse es mit Zucker. Diese Milchen sind in Thee oder Kaffee beizubringen.

N. 7.

Es werden von dem Extract der Kinkina oder Fieberrinde 2. Skrupel bis 2. Quenten, nach dem Alter, in 8. Loth gemeinen warmen Wasser aufgelöset, und mit 1. Loth Zimmetwasser und eben so viel oder mehr Fieberrinden oder Kinkina Syrup angenehm gemacht.

N. 8.

Senfüberschlag.

Man mischet 2. Quenten zu Pulver gestossenen Senfsaamen unter 1. Löffel voll Sauertaig (Urhalb) oder in dessen Ermanglung unter Mehl, und befeuchtet es mit Essig oder Wasser, daß es eine breyartige Masse giebt, die man auf ein Tüchlein streichet und auflegt. Im Nothfall kann geriebener Meerrettig (Kräh) dienen. Der nach einigen Stunden auf dem Ort wo der Senftaig gelegen erscheinende rothe Fleck wird mit einem mit Butter bestrichenen Mangold oder Kohlblatt bedecket, und diese fleissig abgewechselt, nach einigen Tagen mit der so genannten weissen Salbe, oder mit Froschleichpflaster zur Heilung gebracht.

N. 9.

N. 9.

Bleiwasser.

Vermischet man 1 - 2. Kaffeelöffelgen voll Bleiextract mit ½ Maaß gemeinem Wasser so entstehet eine Art Milch die man Bleiwasser nennt. Dieses gebrauchet man als Waschwasser, und zum Verbande pur. Zu Ueberschlägen aber kochet man ¼ Maaß von diesem Wasser mit einer hinlänglichen Menge frischer Semmelgrumen oder auch altem geriebenem weissen Brod, in einem neuen irrdenen Topf oder Hafen und läßt es in etwas erkalten; hierauf streichet man von diesem Brey so viel als nöthig auf einen reinen Lappen und legt es wie ein Pflaster auf, oder auch nach Umständen zwischen Tüchern, und versieht es mit einem Verband.

N. 10.

Lasset in der Apothecke aus 2. Loth Baumöl, und von dem Bleiextrakt und weissen Wachs von jedem 1. Quentgen, eine Salbe reiben.

N. 11.

Blasenpflaster.

Sie sind zwar schon vorräthig in der Apothecke, doch ist es besser, sie nach eigenem Gefallen stark oder schwach zu haben, das frisch gestossene Spanischfliegenpulver zu ½ - 1. Quentgen mit einem beliebigen Pflaster zu vermischen, demselben 1. Skrupel oder mehr Kampfer zuzusetzen, und das Pflaster ehe man es aufleget mit peruvianischen Balsam zu bestreichen. Nach 8 - 12. Stunden wird

ein

ein solches Pflaster wieder abgenommen, die gezogene Blase aufgeschnitten, und übrigens so verfahren wie bei N. 8. gelehrt worden. Wo eine geschwinde Hilfe nöthig bedient man sich lieber der Tinktur von Spanischenfliegen, mit welcher ein Bäuschlein angefeuchtet und auf den Ort welcher gewühlt wird aufgebunden werden kann.

N. 12.

Nehmet Vitriolgeist 2. Skrupel bis 1½. Quente, nach dem er mehr oder weniger stark ist, Veilgen- oder Himbeerensaft 2-4 Loth, gemeines Wasser 8. Loth, mischet es zusammen. Kleinen giebt man alle Stunden 2. Kaffeelöffelgen voll, Grössern 1. Eßlöffel voll, alleine oder in Wasser, Schotten 2c.

N. 13.

Mischet 2. Quentgen Schirlingsextrakt unter 4. Loth Bleisalbe.

N. 14.

Reibet gebranten Badeschwamm 1. Skrupel reine Eisenfeilspäne 8. Gran, und Zimmet 2. Gran, zu einem Pulver zusammen, und gebt 12. dergleichen Gaben.

N. 15.

Machet aus 3. Gran Kampfer und 15. Gran weisse Magnesia durch das Reiben in einer gläsernen Reibschaale ein vermischtes Pulver, und theilet es in drei gleiche Theile.

www.ingramcontent.com/pod-product-compliance
Lightning Source LLC
Chambersburg PA
CBHW021358230426
43666CB00006B/566